OEUVRES

COMPLETES

D'HELVÉTIUS.

TOME PREMIER.

A PARIS,

DE L'IMPRIMERIE DE P. DIDOT L'AÎNÉ.

L'AN IIIᵉ DE LA RÉPUBLIQUE.

1795.

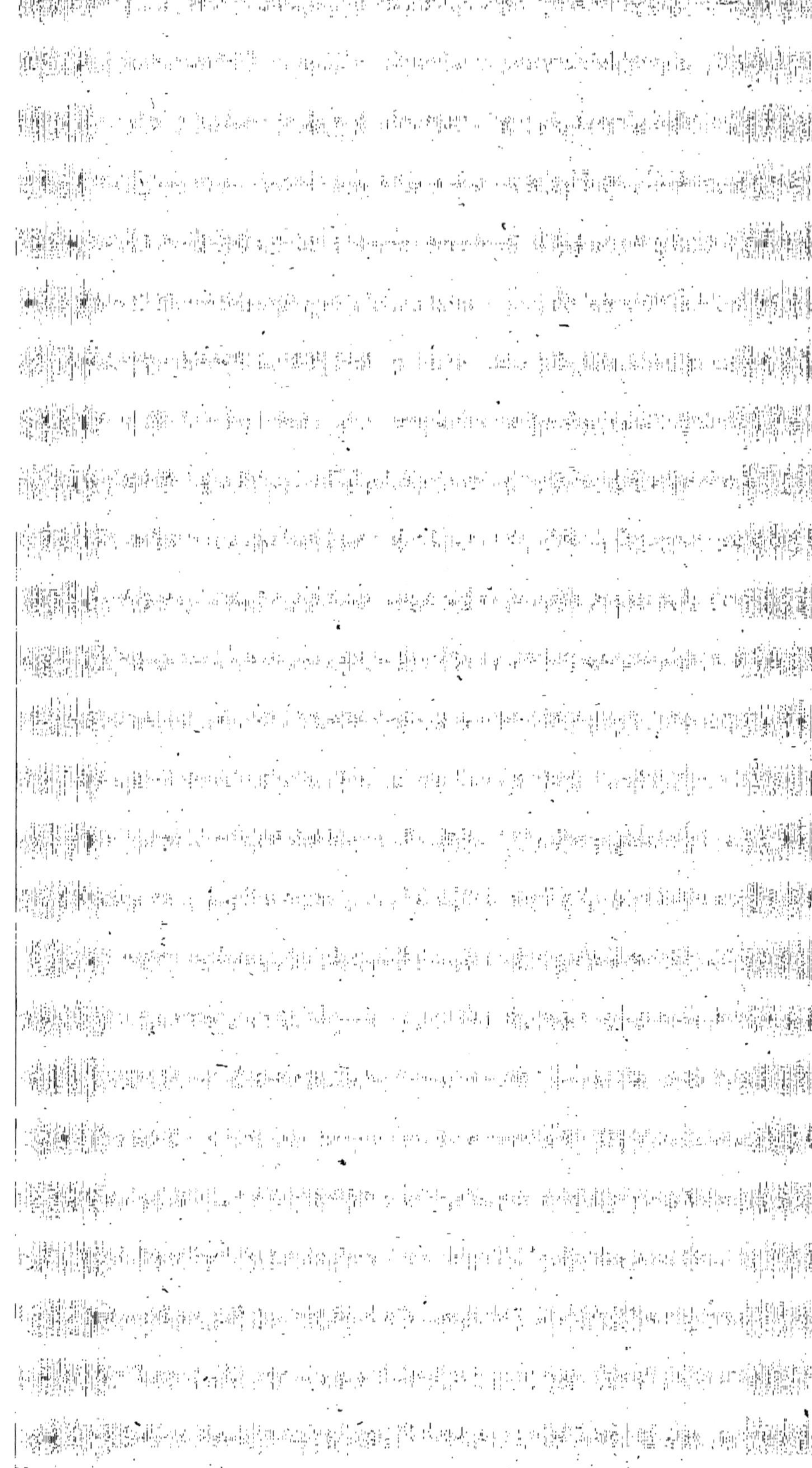

AVERTISSEMENT

*Sur cette Édition des OEuvres
completes d'Helvétius.*

Peu d'ouvrages ont été plus souvent réimprimés que ceux d'Helvétius : on a défiguré ceux qu'il avoit faits ; on lui en a donné qui ne lui appartenoient pas. Qu'importe aux libraires ? Le public achete ; cela leur suffit.

Le C. Didot l'aîné , qui fait autant d'honneur à son art par la beauté de ses éditions que par le soin qu'il met à rechercher les meilleurs textes des ouvrages qu'il imprime, est le seul qui, voulant enrichir la littérature d'un nouveau chef-d'œuvre de ses presses, ait consulté la famille d'Helvétius avant de donner une nouvelle édition de ses écrits. J'avois préparé depuis long-temps cette édition sur les manuscrits qui me furent légués, et qu'il ne m'a pas été possible jusqu'ici de mettre au jour, pour des raisons qu'il est inutile de détailler.

Le livre de l'Esprit a toujours été réimprimé avec les cartons que les persécuteurs d'Helvétius obligerent ses amis d'insérer dans la premiere édition.

Le livre de l'Homme ne fut imprimé, après sa mort, que sur une copie envoyée, en 1767, à un savant de Nuremberg, qui devoit le traduire et le faire paroître d'abord en allemand ; moyen qu'on avoit cru propre à épargner de nouvelles persécutions à l'auteur de la part de l'ancien despotisme. Le savant mourut avant d'avoir achevé sa traduction. L'on ne sait comment, sur cette copie, a été faite, en Hollande, la premiere édition de cet ouvrage, qui ser-

vit depuis aux éditions multi-
pliées répandues en France et
dans toute l'Europe, avec les
fautes nombreuses qu'y ont en-
core ajoutées l'ignorance et l'a-
vidité des contrefacteurs. De-
puis l'envoi de cette copie en
Allemagne, Helvétius avoit cor-
rigé et perfectionné son ou-
vrage; beaucoup de notes en
ont été retranchées ou fondues
dans le texte ; des chapitres en-
tiers ont été refaits ou suppri-
més : c'est dans cet état, et tel
qu'il me l'a laissé, que je le donne
aujourd'hui au public.

Il me semble que les circonstances ne pouvoient être plus favorables au succès de cette nouvelle édition. La première partie du livre de l'Homme n'est qu'un développement des principes du livre de l'Esprit; la seconde partie, pleine de grandes vues législatives, nous paroît propre à ramener l'attention générale sur les vraies sources du bonheur public.

Au reste, je n'ai plus à prévenir les amis de la raison et de la saine philosophie sur les éloges que méritent les ouvrages d'Helvétius; les nombreuses éditions qui en ont été faites, toutes défectueuses qu'elles sont, démontrent assez qu'aucun philosophe n'a été plus lu; n'a révélé aux hommes pour leur bonheur de plus importantes vérités. J'en appelle à la jeunesse sans préjugés, qui aime à s'instruire, et pour laquelle seule Helvétius écrivoit.

LA ROCHE.

À Auteuil, ce 12 ventose, l'an 3e de la République.

ESSAI

SUR

LA VIE ET LES OUVRAGES

D'HELVÉTIUS.

Claude-Adrien Helvétius naquit à Paris, au mois de janvier 1715, de Jean-Adrien Helvétius et de Gabrielle d'Armancourt. La famille des Helvétius, originaire du Palatinat, y fut persécutée du temps de la réforme, et s'établit en Hollande, où plusieurs d'entre eux ont possédé des emplois honorables. Le bisaïeul d'Helvétius, premier médecin des armées de la république, mérita qu'elle fit frapper des médailles en l'honneur des services qu'il lui avoit rendus. Le fils de cet homme illustre vint à Paris fort jeune. Il y fut connu sous le nom du médecin hollandais, et nous lui devons l'ipécacuanha : il avoit appris l'usage de cette racine d'un de ses parents , gouverneur de Batavia; il s'en servit avec beaucoup de succès à Paris et dans nos armées. Louis XIV, dont les graces étoient si souvent ce que doivent être les graces des rois, c'est-à-dire des récompenses, lui donna des lettres de noblesse, et la charge d'inspecteur général des hôpitaux. Il mourut à Paris, en 1727, regretté des pauvres et des gens de bien.

Un de ses fils, héritier de ses talents, cultiva comme lui la médecine

avec gloire. Il étoit jeune encore,
lorsqu'il sauva le roi régnant d'une
maladie dangereuse dont ce prince
fut attaqué à l'âge de sept ans. Il fut
depuis premier médecin de la reine,
et mérita la confiance et les bontés
de cette princesse. Il fut, à Versail-
les, l'ami de toutes les maisons dont
il étoit le médecin. Il recevoit chez
lui un grand nombre de pauvres, et
alloit voir assidument ceux que leurs
infirmités retenoient chez eux.

Il aimoit beaucoup sa femme,
qui étoit belle et attachée à son
mari comme à tous ses devoirs. Ils
aimèrent tendrement leur fils, et
s'occuperent également de son édu-
cation et du soin de rendre son en-
fance heureuse. Il n'avoit pas cinq

ans lorsqu'ils le confierent à M. Lambert, homme sage et sensible, qui lui a survécu, et a long-temps pleuré son éleve.

Il n'y avoit point de travail que l'envie de plaire à un tel précepteur ne fît entreprendre au disciple. Il eut de bonne heure le goût de la lecture. Il est vrai qu'il n'aima d'abord que les contes de fées, et des livres où régnoit le merveilleux. Mais il leur associa bientôt la Fontaine, et même Despréaux, dont les ouvrages charment les hommes de goût, mais ne devroient pas charmer l'enfance.

On venoit de mettre le jeune Helvétius au college, lorsqu'il lut l'Iliade et Quinte-Curce. Ces deux lectures changerent son caractere. Il étoit fort timide ; il devint audacieux. Son goût pour l'étude fut suspendu pendant quelque temps. Il vouloit entrer au service, et ne respiroit que la guerre.

D'abord le despotisme de ses régents, leur ton menaçant, et la contrainte, le révolterent ; les occupations minutieuses dont on le surchargeoit le dégoûterent. Il ne fit que des progrès médiocres. Mais, parvenu à la rhétorique, le P. Porée, son régent, s'apperçut que cet écolier étoit très sensible aux éloges, et en louant ses premiers efforts il lui en fit faire de plus grands. Les amplifications étoient à la mode au college. Le P. Porée trouvant dans celles d'Helvétius plus d'idées et d'images que dans celles de ses autres disciples, de ce moment il lui donna une éducation particuliere. Il lisoit avec lui les meilleurs auteurs anciens et modernes, et lui en faisoit remarquer les beautés et les défauts. Ce pere n'écrivoit pas avec goût ; mais il avoit d'excellents principes de littérature. C'étoit un bon maître, et un méchant modele. Il avoit surtout le talent de connoître la mesure d'esprit et le caractere de ses éleves ; et la France lui doit plus d'un grand homme dont il a deviné et hâté le génie.

La premiere jouissance de la gloire en augmente l'amour. Le jeune Helvétius, comblé d'éloges dans les

exercices publics de son college,
voulut réussir dans tout ce qui pou-
voit être loué. Il avoit d'abord dé-
testé la danse et l'escrime ; il excella
depuis dans ces deux arts. Il a même
dansé à l'opéra sous le nom et le
masque de Javillier, et a été très
applaudi.

Son émulation, qui s'étendoit à
tout, ne prit jamais le caractere de
l'envie. Il aimoit ses jeunes rivaux;
il avoit gagné leur confiance. Ils
étoient sûrs de sa discrétion dans
ces petits complots que la sévérité
des maîtres et le besoin du plaisir
rendent si communs parmi les jeu-
nes gens.

Il étoit encore au college, lors-
qu'il connut le livre de l'Entende-

ment humain. Ce livre fit une révo-
lution dans ses idées. Il devint un
zélé disciple de Locke, mais disciple
comme Aristote l'a été de Platon,
en ajoutant des découvertes à celles
de son maître.

Il porta dans l'étude du droit l'es-
prit philosophique que Locke lui
avoit inspiré. Il cherchoit dès lors
les rapports des loix avec la nature
et le bonheur des hommes.

Son pere, dont la fortune étoit
médiocre, et qui avoit encouru la
disgrace du cardinal de Fleuri par
son attachement à M. le Duc, le
destinoit à la finance, comme à un
état qui pouvoit l'enrichir et lui
laisser le temps de faire usage de ses
talents. Il l'envoya chez M. d'Ar-

mancourt, son oncle maternel, et
directeur des fermes à Caen. Là,
Helvétius fut occupé des lettres et
de la philosophie plus que de la
finance, et plus occupé des femmes
que des lettres et de la philosophie.
Il apprit cependant en peu de temps,
et presque sans y songer, tout ce
que doit savoir un financier.

Il avoit vingt-trois ans lorsque la
reine, qui aimoit M. et Mme Hel-
vétius, obtint pour leur fils une
place de fermier-général. Il n'eut
d'abord que le titre et une demi-
place; mais M. Orri lui donna bien-
tôt la place entiere. C'étoit lui don-
ner cent mille écus de rente. Ses pa-
rents emprunterent les fonds qu'un
fermier-général doit avancer au roi.

et ils exigerent de leur fils qu'il prendroit sur les produits de sa place les rentes et même le remboursement de ces fonds.

Il avoit deux passions qui pouvoient déranger le financier le plus opulent ; l'amour des femmes, et l'envie de faire du bien. Mais il avoit de l'ordre et de la probité. Au milieu de tant de moyens de jouir, il sut jouir avec sagesse. Il destina d'abord les deux tiers de ses revenus au remboursement de ses fonds ; le reste fut consacré aux dépenses que son âge et la noblesse de son cœur lui rendoient nécessaires.

Il avoit cherché, au sortir de l'enfance, à se lier avec les hommes célebres dans les lettres. Marivaux

étoit de ce nombre. Cet homme,
qui a mis dans ses romans tant d'es=
prit, de sentiment et de verbiage,
étoit souvent agréable dans la con-
versation. Il méritoit des amis par
la délicatesse de son ame et la pureté
de ses mœurs. Helvétius lui fit une
pension de deux mille francs. Mari-
vaux, quoiqu'un excellent homme,
avoit de l'humeur et devenoit aigre
dans la dispute. Il n'étoit pas celui
des amis d'Helvétius pour lequel
celui-ci avoit le plus de goût; mais,
du moment qu'il lui eut fait une
pension, il fut celui de ses amis pour
lequel il eut le plus d'attentions et
d'égards.

Le fils de Saurin, de l'académie
des sciences, n'avoit encore donné

aucun des ouvrages qui lui ont fait
de la réputation; mais il étoit connu
des gens de lettres comme un esprit
étendu, juste, et profond, qui avoit
des connoissances variées, de la ver-
tu, et du goût. Il n'avoit alors pour
subsister qu'une place qui ne conve-
noit point à son caractere. Il reçut
d'Helvétius une pension de mille
écus, qui lui valut l'indépendance,
le loisir de cultiver les lettres, et le
plaisir de sentir et de publier qu'il
devoit son bonheur à son ami. Ce
digne ami, lorsque M. Saurin voulut
se marier, l'obligea d'accepter les
fonds de la pension qu'il lui faisoit.
Il cherchoit par-tout le mérite, pour
l'aimer et le secourir. Quelque soin
qu'il ait pris de cacher ses bienfaits,

nous pourrions présenter une liste
d'hommes connus qu'il a obligés :
mais nous croirions manquer à sa
mémoire, si nous osions nommer
ceux qui ont eu la foiblesse de rou-
gir de ses secours.

Fontenelle étoit alors à la tête de
l'empire des lettres. L'étendue de ses
lumieres, sa philosophie saine, la
sagesse de sa conduite, la variété de
ses talents, l'enjouement de son es-
prit, la facilité de son commerce,
le rendoient agréable à plusieurs
sortes de sociétés. Son indifférence
même étoit utile à sa considération.
Les ennemis de ses amis, sûrs de
n'être pas ses ennemis, le voyoient
avec plaisir. Il avoit de plus le mé-
rite d'un grand âge, et celui d'avoir

vu ce siecle brillant dont notre siecle
aime à s'entretenir. Sa mémoire étoit
remplie d'anecdotes intéressantes,
qu'il rendoit plus intéressantes en-
core par la maniere de les placer.
Ses contes et ses plaisanteries fai-
soient penser. Les femmes, les hom-
mes de la cour, les artistes, les poë-
tes, les philosophes, aimoient sa
conversation.

Helvétius faisoit sa cour à Fon-
tenelle. Il alloit chez lui, comme
un disciple qui venoit proposer ses
doutes avec modestie. C'étoit avec
ui qu'il aimoit à parler des Hobbes
et des Locke. Ce qu'il apprit sur-tout
de Fontenelle, c'est le talent, au-
jourd'hui trop négligé, de rendre
avec clarté ses idées.

Montesquieu n'étoit alors que l'auteur des Lettres persanes. Mais dans cet ouvrage, frivole en apparence, et dans la conversation, Helvétius avoit apperçu le guide des législateurs. Montesquieu devina aussi quel homme seroit un jour son ami. Je ne sais, disoit-il, si Helvétius connoît sa supériorité ; mais pour moi, je sens que c'est un homme au-dessus des autres.

La Henriade, poëme épique d'un genre tout nouveau, des tragédies qui balançoient celles de nos grands maîtres, l'histoire de Charles XII, si supérieure à toutes les histoires écrites en France, des pieces fugitives qui faisoient oublier cette foule de riens agréables si communs dans

le siecle de Louis XIV, une philo-
sophie lumineuse répandue sur plu-
sieurs genres, beaucoup de génie,
plusieurs sortes de mérite, attiroient
sur M. de Voltaire les regards de la
France et de l'Europe. Personne n'a
plus excité que lui l'admiration et
l'envie. La partie du public qui ne
se rend pas l'écho d'hommes de
lettres jaloux, les jeunes gens qui
dans leurs lectures cherchent de
bonne foi du plaisir ou des modeles,
étoient ses admirateurs. Le reste à-
peu-près composoit le nombre de
ses ennemis. Son amour pour les
lettres, son art de louer, dont il n'a
fait que trop d'usage, sa politesse,
son envie de plaire, ne pouvoient
calmer la rage de l'envie. Il cher-

choit à s'y dérober dans la retraite
de Cirey. Helvétius alla l'y chercher.
Il lui confia ses secrets les plus chers,
c'est-à-dire, le dessein et les deux
premiers chants de son poëme du
Bonheur. Il trouva un critique plus
éclairé que tous ceux qu'il avoit
consultés jusqu'à ce moment, et un
ami zélé pour sa gloire.

On voit par plusieurs lettres de
M. de Voltaire combien ce grand
homme avoit été frappé du génie
d'Helvétius. « Votre premiere épî-
tre, lui dit-il, est pleine d'une har-
diesse de raison bien au-dessus de
votre âge, et plus encore de nos
lâches écrivains, qui riment pour
leurs libraires, qui se resserrent sous
le compas d'un censeur royal, en-

vieux ou timide. Misérables oiseaux
à qui on rogne les ailes, qui veulent
s'élever, et tombent en se cassant
les jambes! Vous avez un génie mâle;
et j'aime mieux quelques unes de
vos sublimes fautes que les médio-
cres beautés dont on veut nous
affadir. »

Dans d'autres occasions, M. de
Voltaire donne à Helvétius des con-
seils excellents, et que nous rap-
porterons, parcequ'ils peuvent être
utiles à quiconque veut écrire en
vers.

« Je vous dirai, en faveur des
progrès qu'un si bel art peut faire
entre vos mains: Craignez, en at-
teignant le grand, de sauter au gi-
gantesque : n'offrez que des images

vraies; servez-vous toujours du mot propre. Voulez-vous une petite regle infaillible ? la voici. Quand une pensée est juste et noble, il faut voir si la maniere dont vous l'exprimez en vers seroit belle en prose; et si votre vers dépouillé de la rime et de la césure vous paroît alors chargé d'un mot superflu, s'il y a dans la construction le moindre défaut, si une conjonction est oubliée, enfin si le mot le plus propre n'est pas mis à sa place, concluez que votre diamant n'est pas bien enchâssé. Soyez sûr que des vers qui auront un de ces défauts ne se feront pas relire; et il n'y a de bons vers que ceux qu'on relit. »

Dans une autre lettre, M. de Voltaire reprend Helvétius, qui lui avoit dit trop de mal de Boileau. « Je conviens, dit-il, avec vous qu'il n'est pas un poëte sublime ; mais il a très bien fait ce qu'il vouloit faire. Il a mis la raison en vers harmonieux et pleins d'images. Il est clair, conséquent, facile, heureux dans ses expressions ; il ne s'élève guere, mais il ne tombe pas ; et d'ailleurs ses sujets ne comportent pas cette élévation dont ceux que vous traitez sont susceptibles. Vous avez senti votre talent, comme il a senti le sien. Vous êtes philosophe, vous voyez tout en grand. Votre pinceau est fort et hardi : la nature vous a mieux doué que Despréaux ; mais vos talents, quelque grands qu'ils soient, ne seront rien sans les siens. Je vous prêcherai donc éternellement cet art d'écrire que Despréaux a si bien connu et si bien enseigné, ce respect pour la langue, cette suite d'idées, ces liaisons, cet art aisé avec lequel il conduit son lecteur, ce naturel, qui est le fruit du génie. Envoyez-moi, mon cher ami, quelque chose d'aussi bien travaillé que vous imaginez noblement. »

Quelques hommes d'esprit, mais dont les idées n'étoient pas fort étendues, disoient souvent à Helvétius que la métaphysique, et en général la philosophie, ne pouvoit être traitée en vers. Il n'étoit pas fait pour les croire ; mais quel-

quefois il avoit des doutes. M. de
Voltaire le rassuroit.

« Soyez persuadé, lui disoit-il,
que la sublime philosophie peut
fort bien parler le langage des vers;
elle est quelquefois poétique dans
la prose du P. Malebranche. Pour-
quoi n'acheveriez-vous pas ce que
Malebranche a ébauché ? C'étoit
un poëte manqué, et vous êtes né
poëte. »

M. de Voltaire avoit raison. Est-
ce que Lucrece chez les Romains,
et Pope chez les Anglais, n'ont pas
fait deux poëmes philosophiques,
et pourtant admirables ?

Des hommes peu éclairés, et
quelques amis, peut-être jaloux,
répétoient à Helvétius qu'il devoit

son temps à d'autres études qu'à celles de la poésie et de la philosophie. » Continuez, lui écrivoit M. de Voltaire, de remplir votre ame de toutes les connoissances, de tous les arts et de toutes les vertus. Ne craignez pas d'honorer le Parnasse de vos talents. Ils vous honoreront sans doute, parceque vous ne négligerez jamais vos devoirs. Les fonctions de votre état ne sont-elles pas quelque chose de bien difficile pour une ame comme la vôtre ? Cette besogne se fait comme on regle la dépense de sa maison et le livre de son maître-d'hôtel. Quoi ! pour être fermier-général, on n'auroit pas la liberté de penser ! Eh ! Atticus étoit fermier-général ; les chevaliers ro-

mains étoient fermiers-généraux.
Continuez-donc, Atticus. »

Atticus continua. Il est d'usage
que la compagnie des fermes envoie
dans les provinces les plus jeunes
des fermiers. Ils sont chargés de
s'instruire des différentes branches
des revenus, de veiller sur les com-
mis, et de faire exécuter les ordon-
nances. Dans ces voyages, qu'on
appelle *tournées*, Helvétius visita
successivement la Champagne, les
deux Bourgognes et le Bourdelais;
et nulle part il ne se fit une loi de
donner toujours raison aux préposés
de la ferme, et toujours tort au
peuple. Il ne vouloit point recevoir
l'argent des confiscations; et sou-
vent il dédommagea le malheureux

ruiné par les vexations des employés. La ferme n'approuva pas d'abord tant de grandeur d'ame; mais, depuis, Helvétius ne fit de belles actions qu'à ses propres dépens, et les fermiers voulurent bien tolérer cette conduite.

Il eut le courage d'être souvent l'orateur du peuple auprès de sa compagnie et du ministre. On venoit d'employer dans les salines de Lorraine et de Franche-Comté une machine appelée *graduation*, qui diminuoit la consommation du bois, mais aussi la qualité du sel. Helvétius proposa de détruire la machine, ou de diminuer le prix du sel. Il est aisé de juger qu'il ne put rien obtenir.

Il arrivoit à Bourdeaux lorsqu'on venoit d'y établir un nouveau droit sur les vins, qui désoloit la ville et la province. Il écrivit à sa compagnie contre le nouveau droit, et fut indigné des réponses qu'il reçut. Il lui échappa de dire un jour à plusieurs bourgeois de Bourdeaux : «Tant que vous ne ferez que vous plaindre, on ne vous accordera pas ce que vous demandez. Faites-vous craindre. Vous pouvez vous assembler au nombre de plus de dix mille. Attaquez nos employés : ils ne sont pas deux cents. Je me mettrai à leur tête, et nous nous défendrons ; mais enfin vous nous battrez ; et l'on vous rendra justice. »

Heureusement ce conseil de jeune

homme ne fut pas suivi ; mais, de retour à Paris, Helvétius appuya si bien les plaintes des Bourdelais, qu'il obtint la suppression de l'impôt.

Cependant il réprimoit l'avidité des subalternes, il indiquoit les moyens d'en diminuer le nombre, il proposoit de donner plus de valeur aux terres du domaine; et c'est ainsi qu'il se rendoit utile à-la-fois à la ferme et à la nation. Ces services ne l'empêchoient pas d'éprouver quelquefois des dégoûts. Il avoit affaire à de petits esprits, et il leur proposoit de grandes vues ; à des hommes endurcis par l'âge et par la finance, et il leur parloit d'humanité. Les malheureux qu'il soulageoit, le commerce des gens de

lettres, ses études, et ses maîtresses,
lui faisoient à peine supporter les
inconvénients de son état. Son pere,
qui avoit fait de lui un fermier-
général, ne put jamais en faire un
financier. Il avoit remboursé ses
fonds; et, malgré ce qu'il dépensoit
en plaisirs et en bonnes œuvres, il
se trouvoit encore des sommes con-
sidérables. Il acheta des terres, et
forma le projet de s'y retirer pour
s'y livrer entièrement aux lettres et
à la philosophie; mais il lui falloit
une femme qu'il pût aimer, et que
la retraite dans laquelle il vouloit
vivre ne rendroit pas malheureuse.
Chez Mme de Graffigni, si connue
par le joli roman des Lettres péru-
viennes, il vit Mlle de Ligniville, et

fut frappé de sa beauté et des agré-
ments de son esprit ; mais, avant de
songer à l'épouser, il voulut la con-
noître. Il la voyoit souvent, sans
lui parler de ses desseins et du goût
qu'il avoit pour elle. Enfin, après
un an d'observation, il vit que
Mlle de Ligniville avoit l'ame élevée
sans orgueil ; qu'elle supportoit sa
mauvaise fortune avec dignité ;
qu'elle avoit du courage, de la
bonté, et de la simplicité ; il jugea
qu'elle partageroit volontiers sa re-
traite, et lui en fit la proposition,
qui fut acceptée. Mais avant de se
marier il voulut quitter la place de
fermier-général.

Helvétius, par complaisance pour
son pere, acheta la charge de maî-

tre-d'hôtel de la reine. Il n'étoit pas
plus fait pour la cour que pour la
finance. Il fut très sensible aux bon-
tés de la reine. Cette princesse ai-
moit les gens d'esprit, et traita bien
Helvétius, qui n'eut pas d'abord
autant d'ennemis qu'il en méritoit;
on lui pardonna long-temps ses lu-
mieres et ses vertus. Sa charge
n'exigeoit pas beaucoup de service,
et lui laissoit l'emploi de son temps.

Il se maria enfin au mois de juil-
let 1751, et partit sur-le-champ
pour sa terre de Voré. Il y menoit
avec lui deux secrétaires, qui lui
étoient inutiles depuis qu'il n'étoit
plus fermier-général; mais il leur
étoit nécessaire. L'un d'eux, nommé
Baudot, étoit chagrin, caustique, et

inquiet. Sous le prétexte qu'il avoit
vu Helvétius dans son enfance, il
se permettoit de le traiter toujours
comme un précepteur brutal traite
un enfant. Un des plaisirs de ce
Baudot étoit de discuter avec son
maître la conduite, l'esprit, le ca-
ractere, les ouvrages de ce maître
indulgent. La discussion ne finissoit
jamais que par la plus violente sa-
tyre. Helvétius l'écoutoit avec pa-
tience; et quelquefois, en le quit-
tant, il disoit à Mme Helvétius : « Mais
est-il possible que j'aie tous les dé-
fauts et tous les torts que me trouve
Baudot? Non, sans doute; mais en-
fin j'en ai un peu : et qui est-ce qui
m'en parleroit, si je ne garde pas
Baudot? »

Il n'étoit occupé dans ses terres que de ses ouvrages, du bonheur de ses vassaux, et de Mme Helvétius. Il pouvoit dire, comme milord Bolingbroke dans une de ses lettres à Swift : « Je n'ai plus que pour ma femme l'amour que j'avois autrefois pour tout son sexe. »

Il avoit cessé depuis deux ans de travailler à son poëme. Cet ouvrage l'avoit conduit à des recherches sur l'homme. Dès ses premieres méditations, il avoit entrevu des vérités nouvelles. Ces vérités devinrent plus claires, et le conduisirent à d'autres; et il étoit livré entièrement à la philosophie, lorsqu'en 1755 il perdit son pere. Je n'ajouterai qu'un mot à ce que j'ai dit de ce médecin il-

lustre. Il connoissoit parfaitement
son fils ; c'est-à-dire qu'il avoit de
grandes lumieres, et qu'il étoit sans
préjugés. Il vit avec plaisir ce fils
sacrifier une grande fortune à l'es-
pérance de la gloire. Helvétius re-
gretta beaucoup un si excellent pere.
Il refusa de recueillir sa succession,
qu'il vouloit laisser entièrement à
sa mere. Après de longues contes-
tations, il obtint qu'elle la conser-
veroit. La mort de son pere étoit le
premier malheur qui jusqu'alors eût
troublé sa vie heureuse, et suspendu
ses occupations. Il les reprit dès
qu'il en eut la force ; et enfin, en
1758, il donna le livre de l'Esprit,
dont je vais faire l'analyse.

L'auteur commence par examiner

ce qu'on entend par le mot *Esprit*.
Il est tantôt la faculté de penser, et
tantôt la masse d'idées et de con-
noissances rassemblées dans la tête
d'un homme.

Ces idées s'acquierent par l'im-
pression des objets extérieurs sur
nos sens; elles se conservent par la
mémoire, qui n'est que la premiere
impression continuée, mais affoi-
blie. Ce don d'acquérir des idées
par les sens et de les conserver par
la mémoire ne nous donneroit que
des connoissances bornées, et nous
laisseroit sans art, sans mœurs et
sans police, si la nature nous avoit
conformés comme la plupart des
animaux: c'est à nos mains flexibles
que nous devons notre industrie;

et, sans cette industrie, occupés dans les forêts du soin de nous défendre et de disputer notre subsistance, à peine aurions-nous formé quelques sociétés foibles ou barbares.

Les objets dont les sens nous transmettent les idées ont des rapports avec nous et entre eux. L'esprit humain s'éleve à la connoissance de ces rapports : voilà sa puissance et ses bornes. L'appercevance de ces rapports est ce qu'on appelle *jugement*.

Juger, c'est sentir.

La couleur que je nomme *rouge* agit sur mes yeux différemment de la couleur que je nomme *jaune*. L'idée de cette différence est un jugement; ce jugement est une sen-

sation composée de sensations, re-
çues dans le moment ou conservées
dans la mémoire. Les notions mêmes
de force, de puissance, de justice,
de vertu, etc. quand on les analyse,
se réduisent à des tableaux placés
dans l'imagination ou la mémoire.

Tout dans l'homme se réduit donc
à sentir.

L'homme est sujet aux erreurs.
Elles ont trois causes ; les passions,
l'ignorance, et l'abus des mots.

Les passions nous trompent, par-
cequ'elles nous font voir les objets
sous une seule face. Le prince am-
bitieux fixe son attention sur l'éclat
de la victoire et sur la pompe du
triomphe. Il oublie les inconstances
de la fortune et les malheurs de la
guerre.

La crainte présente des fantômes,
et ne laisse point d'entrée à la vé-
rité. L'amour est fertile en illusions.
« Vous ne m'aimez plus, disoit Mlle
de Caumont à Poncet ; vous croyez
moins ce que je vous dis que ce que
vous voyez. »

L'ignorance est la cause des er-
reurs dans les questions difficiles.
C'est faute de connoissances que la
question du luxe a été si long-temps
agitée sans être éclaircie. De grands
hommes en ont fait l'apologie ; d'au-
tres, la satyre.

Sur l'abus des mots, troisieme
cause de nos erreurs, Helvétius ren-
voie à Locke, et ne dit qu'un mot
en faveur de ceux qui ne voudroient
pas recourir au philosophe anglais.

Il fait voir que les sens faux donnés aux mots *espace*, *matiere*, *infini*, *amour-propre*, *liberté*, ont été les sources de beaucoup d'erreurs en métaphysique et en morale. La *matiere* n'est que la collection des propriétés communes à tous les corps. L'*espace* n'est que le néant ou le vuide ; considéré avec les corps, il n'est que l'étendue. Le mot *infini* ne donne qu'une idée, l'absence des bornes. L'*amour-propre* est un sentiment gravé en nous par la nature, et qui devient vertueux ou vicieux, selon la différence des goûts, des passions, des circonstances. La *liberté* de l'homme consiste dans l'exercice volontaire de ses facultés. Passons au second discours.

L'esprit a plus ou moins l'estime du public, selon que les idées sont neuves, utiles, et agréables. Ce ne sont pas leur nombre, leur étendue, qui emportent notre estime ; c'est le rapport qu'elles ont avec notre bonheur qui nous force à leur accorder notre hommage. Ainsi c'est la reconnoissance ou la vengeance qui loue ou qui méprise.

Les idées les plus estimables sont celles qui flattent nos penchants. Le premier des livres pour Charles XII, c'est la vie d'Alexandre ; pour une femme sensible, c'est le poëte qui peint l'amour. C'est notre intérêt qui nous fait adopter ou rejeter l'opinion des autres.

Il est vrai qu'il y a sur la terre un

petit nombre de philosophes con-
duits par l'amour du vrai, qui es-
timent de préférence les idées lumi-
neuses ; mais ces philosophes sont
en si petit nombre qu'il ne faut pas
les compter. Le reste du genre hu-
main n'estime que les idées qui flat-
tent son opinion ou son intérêt. Un
sot n'a que de sots amis. Auguste,
Louis XIV, le grand Condé, vivoient
avec les gens d'esprit. Sous un mo-
narque stupide, disoit la reine Chris-
tine, toute sa cour l'est, ou le de-
vient.

Lorsque la réputation d'un homme
ou d'un ouvrage est établie, nous
les louons souvent sans les estimer.
Nous n'avons pas pour eux une
estime sentie, mais une estime sur

parole. Telle est l'estime générale pour Homere, que tout le monde loue, et qui n'est lu que des gens de lettres.

Chaque homme a de soi la plus haute idée, et n'estime dans les autres que son image, ou ce qui peut lui être utile.

Le fakir et le sibarite, la prude et la coquette, se méprisent. Le philosophe qui vivra avec des jeunes gens sera l'imbécille, le ridicule de la société. L'homme de robe, l'homme de guerre, le négociant, croient chacun sincèrement que leur sorte d'esprit est la plus estimable.

Ainsi la grande société, la nation, se divise en petites sociétés, qui, selon leurs occupations, leur rang,

leur état, estiment la sorte d'esprit
avec laquelle elles ont du rapport.

A la cour, on estime sur-tout
les hommes du bon ton, quoiqu'ils
soient, pour la plupart, frivoles,
ineptes, ignorants.

Si les petites sociétés n'estiment
que l'esprit qui est plus près de
leur esprit, le public n'accorde son
estime qu'à l'esprit qui est utile au
public.

En conséquence de cette vérité,
l'esprit qui réussit dans les sociétés
particulieres réussit rarement dans
le public.

Tel homme, au contraire, tel
ouvrage, font honneur à la nation,
et ne réussissent pas dans les sociétés
particulieres.

Si le public ne rend aucun honneur à l'esprit médiocre, c'est qu'il n'est jamais d'aucune utilité. Si pourtant, dans certaines circonstances, des esprits médiocres, devenus généraux ou ministres, sont honorés, c'est qu'ils ont eu le bonheur d'être utiles. De plus, on a de l'indulgence pour les grands. On ne demande pas à la comédie italienne les mêmes talents qu'à la comédie française.

Après la mort des hommes en place et des artistes, ceux-ci sont les plus honorés, parce que la postérité jouit de leurs travaux, et que les autres ne sont utiles qu'à leur siecle.

Certains esprits célèbres dans quel-

ques pays et quelques siecles ne le
sont point dans d'autres siecles et
dans d'autres lieux. Les sophistes,
les théologiens, si illustres autre-
fois, recueillent le mépris des siecles
éclairés. Les farces de Scarron réus-
sissoient avant que l'on eût vu Mo-
liere.

Il y a pourtant des idées qui plai-
sent dans tous les lieux et dans tous
les temps : les unes sont instructi-
ves ; les autres sont agréables. Il y
en a des unes et des autres dans
Homere, Virgile, Corneille, le Tas-
se, Milton, qui ne se sont point
bornés à peindre une nation ou un
siecle, mais l'humanité. Il est peu
d'hommes assez mal organisés pour
être insensibles aux tableaux des

grands objets et à l'harmonie. Les tableaux voluptueux, qui rappellent les plaisirs des sens et sur-tout ceux de l'amour, sont également du goût de tous les peuples. Les philosophes qui ont découvert des vérités utiles ont l'estime de tous les siecles ; et, dans tous les siecles, on aime les poëtes qui ont fait aimer la vertu. Mais qu'est-ce que la vertu ?

Dans les sociétés particulieres, on donne ce nom aux actions utiles à ces sociétés : l'homme qui veut dérober à la rigueur des lois un parent coupable passe pour vertueux.

Le ministre qui refuse ses amis, ses parents, les courtisans, pour leur préférer l'homme de mérite et le bien de l'état, doit avoir à la cour

la réputation d'homme dur, inutile,
et mal-honnête.

Dans les cours, on appelle pru-
dence la fausseté, folie le courage
de dire la vérité. On y donne le titre
de bon au prince qui prodigue les
trésors de l'état; le nom d'aimable
au prince qui accorde à ses favoris,
à sa maîtresse, des emplois impor-
tants au bonheur de l'état.

Comment donc savoir si on est
vertueux? Dirige-t-on toutes ses ac-
tions au bien du plus grand nombre;
on est vertueux. Oui, la vertu n'est
que l'habitude de diriger ses actions
au bien général. C'est en la consi-
dérant sous ce point de vue qu'on
peut s'en former des idées nettes et
précises, que les moralistes n'ont
point eues jusqu'à présent.

Les uns, à la tête desquels est
Platon, n'ont débité que des rêves
ingénieux. La vertu, selon eux, est
l'amour de l'ordre, de l'harmonie,
du beau essentiel. Les autres, à la
tête desquels est Montaigne, pré-
tendent que les lois de la vertu sont
arbitraires, parce qu'ils voient qu'une
action vicieuse au nord est souvent
vertueuse au midi. Les premiers,
pour n'avoir point consulté l'his-
toire, errent dans un dédale de
mots. Les seconds, pour n'avoir
point médité sur l'histoire, ont pensé
que le caprice décidoit de la bonté
ou de la méchanceté des actions
humaines.

L'amour de la vertu n'est donc
que le desir du bonheur général. Les

actions vertueuses sont celles qui contribuent à ce bonheur. Les peuples les plus stupides, dans leurs coutumes les plus singulieres, ont en vue leur bonheur; et si dans certains pays, dans certains lieux, on honore des actions qui nous paroissent coupables, c'est que dans ces pays ces actions sont utiles. Le vol fait avec adresse étoit honoré à Sparte, parce que dans cette république toute militaire, et où il n'y avoit point l'esprit de propriété, la vigilance et l'adresse étoient des qualités utiles. En Chine, où la population est excessive, il est permis au pere d'exposer ou de tuer ses enfants. Cette loi, si cruelle en apparence, prévient de plus grands

maux, et par conséquent est utile.
Enfin, c'est par-tout l'utilité qui
rend les actions criminelles ou ver-
tueuses.

Mais dans tous les pays on attache
l'idée de vertu à des actions qui ne
peuvent produire aucun bien. Oui;
mais c'est qu'on est persuadé que
ces actions produisent un bien, soit
pour ce monde, soit pour l'autre;
et j'appelle ces habitudes, ces ac-
tions, vertus de préjugé, dont il
faut guérir les hommes.

Ces habitudes n'ont été fondées
que sur la préférence donnée à des
sociétés particulieres sur la société
générale, ce qui seul les rend vi-
cieuses.

Quel bien font au monde et à la

patrie les austérités des moines et des fakirs? De quelle utilité peut être la folie des Indiens qui se font dévorer par les crocodiles?

Il est des crimes de préjugé, comme il est des vertus de préjugé.

J'appelle crimes de préjugé, des actions condamnées par l'opinion, quoiqu'elles ne nuisent à personne. Quel mal fait le bramine qui épouse une vierge, et l'homme qui mange un morceau de bœuf plutôt qu'un morceau de poisson?

Les vertus de préjugé sont quelquefois des habitudes atroces; comme la coutume des Giagues, de piler dans un mortier les enfants, pour en composer une pâte qui, selon les prêtres, les rend invulnérables.

Il y a peu de nations qui n'aient pour les crimes de préjugé plus d'horreur que pour les actions les plus nuisibles à la société, et plus d'estime pour les pratiques minutieuses et indifférentes que pour les actions utiles à l'état.

De ce qu'il y a des vertus réelles et des vertus de préjugé, il suit qu'il y a chez les peuples deux especes de corruption; l'une politique, et l'autre religieuse. Celle-ci peut n'être pas criminelle, quand elle s'allie avec l'amour du bien public, les talents, de véritables vertus.

La corruption politique prépare au contraire la chûte des empires.

Le peuple en est infecté, lorsque les particuliers détachent leurs intérêts de l'intérêt général.

Cette corruption se joint quelquefois à l'autre : alors les moralistes ignorants les confondent ; mais elles sont souvent séparées. La corruption religieuse n'est souvent que l'amour du plaisir, et inspirée par la nature, qu'elle satisfait sans la dégrader. La corruption politique est l'effet du gouvernement.

C'est dans la législation et dans l'administration des empires qu'il faut chercher la cause des vices et des vertus des hommes.

Les déclamations des moralistes ne font que satisfaire leur vanité, et ne produisent aucun bien. Leurs injures ne peuvent changer nos sentiments, et nos sentiments sont l'effet de la nature ou des lois.

Il faut moins censurer le luxe, qui peut être nécessaire à un grand état, et la galanterie, à laquelle les hommes peuvent devoir les arts, le goût, et des vertus politiques, que l'institution qui fait de l'homme un lâche, un esclave, un frippon, ou un sot.

Il est des moralistes hypocrites : ce sont ceux qui voient avec indifférence tous les maux qui entraînent la ruine de leur patrie, et qui se déchaînent contre quelques excès dans la jouissance des plaisirs.

D'après les principes posés ci-dessus, on peut faire un catéchisme dont les préceptes seront clairs, vrais, et invariables. Le peuple qui en seroit instruit ne seroit infecté ni de vices politiques, ni de vertus de préjugé. Le législateur, plus éclairé, ne donneroit que des lois utiles, et les lois seroient respectées.

L'inexécution des lois prouve toujours l'ineptie du législateur. La récompense, la punition, la gloire, l'infamie, sont quatre divinités qui peuvent répandre les vertus, et créer des hommes illustres dans tous les genres.

Pour perfectionner la morale, les législateurs ont deux moyens ; l'un, d'unir les intérêts particuliers à l'intérêt général ; l'autre, de hâter les progrès de l'esprit. Mais, pour hâter ces progrès, il faut savoir si l'esprit est un don de la nature, ou l'effet de l'éducation.

C'est le sujet du troisieme discours.

Tous les hommes ont des sens assez bons pour appercevoir les mêmes rapports dans les objets ; ils ont les mêmes besoins, et ils auroient la même mémoire, s'ils avoient la même attention.

Tous les hommes bien organisés sont capables d'attention ; tous apprennent leur langue, tous apprennent à lire, et conçoivent au moins les premieres propositions d'Euclide. Cela suffit pour s'élever aux plus hautes idées, pourvu qu'ils veuillent faire des efforts d'attention ; et, pour faire ces efforts, il faut avoir des passions.

Ce sont les passions qui fécondent l'esprit et l'élevent aux grandes idées. Ce sont elles qui ont formé et conduit Lycurgue, Alexandre, Épaminondas, etc. etc.; ce sont elles qui ont inspiré les vastes projets, les moyens extraordinaires, les mots sublimes, qui sont les saillies des ames fortement passionnées.

On devient stupide dans l'absence des passions.

Les princes montrent quelquefois de l'esprit pour s'élever au despotisme. Leurs desirs sont-ils remplis, ils n'ont plus le courage de s'arracher aux délices de la paresse, et ils s'abrutissent dans leurs grandeurs.

Mais tous les hommes sont-ils susceptibles du même degré de passion?

L'origine des passions est dans la sensibilité physique, dans l'amour du plaisir et la crainte de la douleur, qui remuent également tous les hommes.

L'avare, en se privant de tout, se propose de s'assurer les moyens de jouir des plaisirs, et de se dérober aux maux; l'ambitieux a le même objet dans la poursuite des grandeurs; l'amour de la gloire et de la vertu n'est que le desir de jouir des avantages que la gloire et la vertu procurent.

Tous les hommes sont susceptibles de passion au même degré.

Tous peuvent aimer avec fureur la gloire et la vertu ; tous ont donc la puissance de s'élever aux plus grandes idées et de faire de grandes choses. Les hommes, nés égaux, deviennent différents par les lois, et par l'éducation, qui doit préparer à l'obéissance et au respect pour les lois. L'éducation est trop négligée ; mais pour savoir bien ce qu'elle peut faire sur les esprits, il est important de fixer d'une manière précise les idées qu'on attache aux divers noms donnés à l'esprit. C'est ce que nous allons voir dans le quatrieme discours.

Le nom de génie n'est donné qu'aux esprits inventeurs. Leur invention porte sur les détails ou sur

le fond des choses. C'est le travail
excité par les passions, et sur-tout
par celle de la gloire, qui porte
l'ame aux grandes méditations, et
fait trouver des vérités nouvelles,
de nouvelles combinaisons. Les-ob-
jets dont il est entouré, les circon-
stances où il est placé, déterminent
et bornent le génie.

L'imagination est l'invention des
images, comme l'esprit est l'inven-
tion des idées; elle brille dans les
descriptions, les tableaux. Les pein-
tures sont ou grandes ou volup-
tueuses.

Le sentiment est l'ame de la poé-
sie. L'auteur qui en est privé est
toujours en-deçà ou au-delà de la
nature. Celui qui n'a que de l'esprit

s'éloigne toujours de la simplicité.

L'esprit n'est qu'un assemblage d'idées nouvelles, qui n'ont pas assez d'étendue ni d'importance pour mériter le nom de génie. Ainsi Machiavel et Montesquieu sont des génies; la Rochefoucauld et la Bruyere sont des hommes d'esprit.

Le talent est l'aptitude à un seul genre, dans lequel on ne porte qu'une invention médiocre.

L'esprit est fin, quand il apperçoit de petits objets et donne à deviner.

L'esprit est fort, quand il produit des idées propres à faire de fortes impressions.

Il est lumineux, quand il rend clairement des idées abstraites.

Il est étendu, lorsqu'il saisit un ensemble, et voit des rapports éloignés.

Il est pénétrant, profond, lorsqu'il voit tout dans les objets.

Le bel esprit tient plus au choix des mots et des tours, qu'au choix des idées.

L'esprit du siecle, l'esprit du monde, est frivole, et porte sur de petits objets; s'il s'occupe un moment des grands hommes et des ouvrages célebres, il cherche à les rabaisser. C'est le dieu de la raillerie, qui considere avec un ris malin et un œil moqueur le Panthéon, l'église de S. Pierre, le Jupiter de Phidias.

Le génie, l'esprit, sont les effets

de la force ou de la vivacité des passions. Le bon sens est l'effet de leur modération : il se borne presque à l'esprit de conduite.

Mais il est, dit-on, des peuples qui paroissent insensibles aux passions de la vertu et de la gloire. Est-ce la faute du climat? est-ce celle du gouvernement?

Dans leurs républiques, Horatius Coclès et Léonidas ne pouvoient être que des héros. Dans ces républiques, les hommes peu passionnés étoient du moins de bons citoyens.

Les républiques se corrompent, quand les honneurs et les plaisirs sont attachés à la tyrannie, à la puissance. Les mêmes hommes qui auroient été des Scipions et des Ca-

milles seront des Marius et des Cati-
linas.

La considération est une gloire
diminuée. Lorsqu'elle est attachée
au crédit, elle fait des flatteurs et
des intrigants. L'argent est-il plus
honoré que la vertu, on voit aux
Cincinnatus, aux Catons, succéder
les Crassus et les Séjans. La plus
haute vertu, le vice le plus honteux,
sont également l'effet du plaisir que
nous trouvons à nous livrer à l'un
ou à l'autre.

Il y a dans tous les hommes un
desir secret d'être despote, parce
que chaque homme a, du plus au
moins, le desir de faire servir les
autres à son bonheur.

Il ne faut pas toujours des talents

et du courage pour établir la tyran-
nie ; il ne faut quelquefois qu'une
audace commune, et des vices. Le
prince commence par diviser les or-
dres des citoyens, par répandre une
sorte d'anarchie, pour faire desirer
à une partie de la nation l'abaisse-
ment de l'autre. Il fait ensuite briller
le glaive de la puissance, met les
vertus au rang des crimes, multiplie
les délateurs, veut étouffer les lu-
mieres, et proscrit également les
Séneques et les Thraséas.

Mais les despotes donnent à la
soldatesque, qui leur est toujours
dévouée, le sentiment de sa force,
et finissent par être ses victimes.

L'histoire des empereurs de Rome
et de Constantinople, des sultans

des Turcs, des czars, etc.; sont une preuve de cette vérité. L'homme le plus coupable de lese-majesté est donc l'homme qui conseille à son prince de porter à l'excès et de faire trop sentir son autorité.

Les despotes, maîtres absolus des peuples qui n'osent les censurer, n'ont plus d'intérêt de s'instruire. Leurs ministres, placés par l'intrigue, n'ont aucuns principes de justice ni d'administration, aucune idée de vertu. Ainsi l'avilissement des peuples entretient l'ignorance et l'ineptie des princes et des ministres.

Il n'y a de vertu que dans les pays où la législation unit l'intérêt particulier à l'intérêt général. Dans ces

pays où la puissance est partagée
entre le peuple, les grands, les rois,
la nécessité où se trouvent les ci-
toyens de tous les ordres de s'occu-
per d'objets importants, la liberté
qu'ils ont de tout penser et de tout
dire, donnent aux ames de la force
et de l'élévation.

Une petite ville de Grece a pro-
duit plus de belles actions et de
grands hommes que tous les riches
et vastes empires de l'orient.

La force des passions est propor-
tionnée aux récompenses qu'on leur
propose. Les monceaux d'or du Me-
xique et du Pérou, en exaltant l'a-
varice des Espagnols, leur ont fait
faire des prodiges. Les disciples de
Mahomet et d'Odin, dans l'espé-

rance de posséder des houris ou les valkiries, ont été avides de la mort. Par-tout où les lettres menent à la considération ou à la fortune, elles sont cultivées avec succès.

Le bon sens, qui est l'effet des passions foibles, ne crée, n'invente, ne change, ni n'éclaire. Quand tout est dans l'ordre, il remplit assez bien les grandes places. Faut-il réformer des abus, il ne montre que de l'ineptie.

Il n'y a que le génie inspiré par les passions fortes qui fonde ou répare la constitution des empires.

Le goût est la connoissance de ce qui doit plaire à tous les hommes, ou au public d'une certaine nation. On acquiert le goût de cette derniere sorte par l'habitude de comparer des jugements. On acquiert le goût de la premiere sorte, qui est le vrai goût, par la connoissance profonde de l'humanité.

Pour réussir dans les arts, les sciences et les affaires, il faut d'abord être persuadé qu'on n'excelle pas dans plusieurs genres très différents. Newton n'est pas compté parmi les poëtes, ni Milton parmi les géometres.

Il est plusieurs talents exclusifs. Il y a même certaines qualités, et même, si je l'ose dire, certaines vertus particulieres, exclues par certains talents. L'ignorance de cette vérité est la source de mille injustices. On vante la modération d'un philosophe,

et on se plaint de son peu de sensi-
bilité, sans faire attention qu'il ne
doit qu'à l'état tranquille de son ame
le talent de l'observation. On veut
que l'homme de génie soit toujours
sage, et on oublie que le génie est
l'effet des passions, rarement com-
patibles avec la sagesse.

On peut connoître si on est né
pour les grandes choses, à trois signes
certains : 1° Si on aime assez la
gloire pour lui sacrifier toutes les
autres passions : 2° Si on admire
vivement les belles actions ou les
ouvrages consacrés par les suffrages
de tous les siecles : 3° Si on aime
véritablement les grands hommes de
son temps.

Après avoir donné ces idées

sur les différentes sortes de talents,
l'auteur finit, comme il avoit pro-
mis, par nous parler de la science
de l'éducation, qui est la connois-
sance des moyens propres à former
des corps robustes, des esprits éclai-
rés, des ames vertueuses. Ces moyens
dépendent absolument des législa-
teurs. Sous un mauvais gouverne-
ment, la nature et l'éducation ne
peuvent rendre les hommes ni éclai-
rés, ni vertueux, parce qu'ils veulent
toujours leur bonheur, et que sous
les tyrans les lumieres et la vertu ne
conduisent point au bonheur.

Voilà un extrait fidele du livre de
l'*Esprit*. Il ne s'est point fait d'ou-
vrage où l'homme soit vu plus en
grand, et mieux observé dans les

détails. On a dit de Descartes qu'il
avoit créé l'homme. On peut dire
d'Helvétius qu'il l'a connu. Il est le
premier qui ait fondé la morale sur
la base inébranlable de l'intérêt per-
sonnel. Il est celui des philosophes
qui a le plus dissipé ces nuages, ces
faux systêmes, qui nous déguisent
à nous-mêmes, et nous donnent de
fausses idées de la vertu. Son livre
est la production d'une ame vrai-
ment touchée des malheurs qui affli-
gent les grandes sociétés. Personne
n'a mieux fait sentir sur quels prin-
cipes il faut établir un gouverne-
ment, et les inconvénients de toute
constitution politique où les avan-
tages du petit nombre sont préférés
au bonheur du grand nombre. « Athé-

niens, disoit Solon, vous serez si
convaincus qu'il est de votre intérêt
de suivre mes lois, que vous ne serez
pas tentés de les enfreindre »

Voilà ce que doivent dire tous les
législateurs, et ce que leur prescrit
Helvétius. Son livre a encore un
avantage qui le met au-dessus de
bien d'autres; c'est celui du style,
qui est par-tout clair et noble. Lors-
que l'auteur parle d'une vérité nou-
velle ou abstraite, il n'est que simple
et précis. A-t-il accoutumé votre
esprit à ces idées neuves, son style
prend de la majesté, de la force, et
des graces. A-t-il à vous présenter
une de ces vérités qui intéressent
plus particulièrement les hommes,
il la pare des richesses de son ima-

gination ; et cette imagination, tou-
jours soumise à la philosophie, l'em-
bellit sans l'égarer. Elle ne sert qu'à
rendre les vérités plus sensibles et,
pour ainsi dire, plus palpables. C'est
dans la même vue qu'il répand dans
son livre tant de contes plaisants ou
ou intéressants. Ces contes sont des
apologues ; et s'il les a un peu pro-
digués, il faut se ressouvenir qu'il
écrivoit en France, et qu'il parloit
à un peuple enfant.

Lorsque cet ouvrage parut à Paris,
les vrais philosophes l'estimerent ;
les petits moralistes en furent jaloux ;
les gens du monde, en attendant
qu'il fût jugé, en parlerent avec dé-
nigrement ; les hypocrites s'alarme-
rent, et avec raison. Une femme

célèbre par la solidité et les agréments
de son esprit disoit d'Helvétius,
« C'est un homme qui a dit le secret
de tout le monde. »

Les théologiens préparèrent un
plan de persécution, qu'ils firent
précéder par des critiques absurdes.
On disoit dans le *Journal chrétien* et
dans des mandements emphatiques :
« que le pernicieux livre de l'*Esprit*
étoit une vapeur sortie de l'abyme ;
que l'auteur étoit un lion qui atta-
quoit la vertu à force ouverte, un
serpent qui tendoit des embûches ;
qu'il mettoit l'homme au rang des
bêtes, sans respect pour Origène,
qui a dit expressément que l'homme
opère par la raison, et la bête, par
l'instinct ; que l'auteur a tort de

parler de législation, attendu qu'on trouve dans l'évangile tout ce qu'il faut savoir là-dessus ; qu'il n'y a rien dans les livres sacrés, ni dans les saints peres, de ce qui est contenu dans le livre de l'*Esprit*; que l'amour de la gloire et l'amour de la patrie doivent être condamnés comme passions, parceque toutes les passions sont les fruits du péché. »

D'autres théologiens aussi lumineux disoient « que la philosophie des Encyclopédistes et d'Helvétius répandoit une odeur de mort qui infecteroit toute la postérité, et que c'étoit une plante maudite qui étoufferoit d'âge en âge le bon grain semé dans le champ du pere de famille. »

Helvétius reçut d'abord toutes ces critiques avec tranquillité ; il ne pensa pas même à répondre à des accusations si vagues et si absurdes. Comment l'auroit-il fait? Comment prouver, dit Pascal, qu'on n'est pas une porte d'enfer? Il eut quelque inquiétude, lorsqu'il fut menacé d'une censure de la Sorbonne. Il la vit paroître, et ne la trouva que ridicule. Une suite de quelques unes des propositions condamnées par cette faculté justifiera bien le mépris d'Helvétius.

« La sensibilité physique produit nos idées ; ou, ce qui revient au même, nos idées nous viennent par les sens. »

« Le desir de notre bonheur suffit pour nous conduire à la vertu. »

« C'est par de bonnes lois qu'on rend les hommes vertueux. »

« La douleur et le plaisir font penser et agir les hommes. »

« Il faut traiter la morale comme les autres sciences, et faire une morale comme une physique expérimentale. »

« C'est à la différente maniere dont le desir du bonheur se modifie, qu'on doit ses vices et ses vertus. »

« Les hommes ne sont point méchants, mais soumis à leurs intérêts. »

« Les actions vertueuses sont les actions utiles au public. »

« De tous les plaisirs des sens l'amour est le plus vif. »

« Il faut moins se plaindre de la méchanceté des hommes que de l'ignorance des législateurs, qui ont toujours mis en opposition l'intérêt particulier et l'intérêt général. »

« Un sot porte des sottises, comme le sauvageon porte des fruits amers, etc. , etc. »

Peu de temps après que cette censure eut paru, quelques prêtres, et le nommé Neuville, jésuite, prêchèrent à Paris et à la cour contre le livre de l'Esprit.

La haine des molinistes et des jansénistes étoit alors dans la plus grande activité. Ces deux partis s'accusoient réciproquement de trahir les intérêts de la religion ; et, pour s'en justifier, les uns et les autres se piquoient d'un grand zele contre les philosophes. Les jansénistes avoient plus de crédit dans le parlement, et les molinistes à Versailles. Les jansénistes vouloient faire brûler l'auteur du livre, et les jésuites vouloient se faire honneur à la cour de le persécuter.

Il faut leur rendre justice : plusieurs d'entre eux étoient amis d'Helvétius, autant que des jésuites peuvent être amis. Il avoit ménagé leur ordre ; et, dans son ouvrage, où il se moquoit de tant de prédicateurs et de docteurs, il n'avoit pas cité un seul jésuite. Ces peres lui en savoient gré, et d'abord ils parlerent de son livre avec modération ; ils lui donnerent même quelques éloges :

mais, les jansénistes s'étant déclarés
les persécuteurs d'Helvétius, les jé-
suites prirent bientôt de l'émula-
tion. Le gazetier ecclésiastique se
déchaînoit contre lui, Bertier ne
pouvoit plus se taire avec bien-
séance, enfin le parlement étoit
près de sévir; les jésuites furent
humiliés de n'avoir point encore
cabalé.

L'un d'eux, ami depuis vingt ans
d'Helvétius (et cette qualité m'em-
pêchera de le nommer), imagina
qu'il feroit un honneur infini à lui
et à son ordre, s'il pouvoit faire ré-
tracter un philosophe. Il ourdit une
intrigue contre son ami et son bien-
faiteur, et la suivit avec l'activité et
la perfidie affectueuse d'un prêtre
de cour.

Il proposa d'abord à Helvétius de signer une petite rétractation qui devoit, disoit-il, lui ramener les bontés de la reine, et le préserver des fureurs jansénistes. Le philosophe Helvétius consentit à répéter dans un écrit particulier ce qu'il avoit dit dans sa préface, « que si, contre son attente, quelques uns de ses principes n'étoient pas conformes à l'intérêt du genre humain, il déclaroit d'avance qu'il les désavouoit, et que, sans garantir la vérité d'aucune de ses maximes, il ne garantissoit que la droiture et la pureté de ses intentions. »

Le jésuite se fit d'abord valoir d'avoir obtenu une espece de rétractation; mais il en vouloit une plus précise, plus détaillée, et sur-tout humiliante : il inspiroit à la reine la volonté de l'exiger ; il montroit à Helvétius la nécessité de s'y résoudre, et n'en pouvoit rien obtenir. Il écrivoit à l'épouse d'Helvétius pour l'effrayer ; mais il trouvoit une femme courageuse, déterminée à passer, avec son mari et ses enfants, dans les pays étrangers. Il réussit mieux auprès de la mere du philosophe. Elle fut persuadée que son fils devoit à la reine les démarches que cette princesse lui demandoit. Elle insista, et déchira long-temps le cœur d'Helvétius, sans pouvoir l'ébranler.

Il croyoit s'être exprimé dans son livre avec une bienséance et une réserve qui devoient le mettre à l'abri de la censure. Et de plus il s'étoit soumis à toutes les formalités juridiques; il avoit eu un censeur royal, dont il avoit respecté les jugements. Comment pouvoit-il être coupable? Quand même son livre auroit été répréhensible, on ne pouvoit s'en prendre qu'au censeur; et c'est ce qu'on fit craindre à Helvétius. Il ne pouvoit soutenir l'idée qu'il alloit être la cause de la disgrace, peut-être même de la perte, d'un homme estimable; et, pour le sauver, il signa ce qu'on voulut.

Ainsi, pour avoir démontré que l'unique maniere de rendre les hommes vertueux et heureux étoit d'accorder l'intérêt particulier avec l'intérêt général, Helvétius fut traité comme Galilée le fut pour avoir démontré le mouvement de la terre. Galilée, après avoir demandé pardon à genoux, dit en se relevant : *E però si muove*. La postérité a été de son avis ; et plus elle s'éclairera, et plus elle pensera comme Helvétius.

On croit bien que sa soumission n'appaisa pas les prêtres. Il reçut ordre de se défaire de sa charge ; et M. Tercier, son censeur, fut destitué de sa place de premier commis aux affaires étrangeres. Ces rigueurs furent l'ouvrage des jésuites. Les janséni-tes vouloient aller plus loin. Le parlement, qui assurément entendoit peu le livre de l'*Esprit*, alloit poursuivre M. Tercier et Helvétius, lorsqu'un arrêt du conseil, qui se bornoit à supprimer le livre, sauva l'auteur et le censeur.

Tandis qu'une secte de théologiens se ménageoit le plaisir d'humilier un grand homme, et qu'une autre se flattoit de l'espérance de le faire brûler, les journalistes de France mêlerent leur voix à celle de ces tigres. Ils traiterent le livre de l'*Esprit* comme ils traitent tout ouvrage qui s'élève au-dessus du médiocre. Leurs critiques ont été répétées, et le sont encore, par des hommes de bonne foi, et qui n'ont de commun avec les journalistes que de ne pas entendre Helvétius.

On l'accusa de n'avoir rien dit que les anciens n'eussent dit avant lui.

Sans doute plusieurs des vérités qui se trouvent dans son livre se trouvent chez les anciens ; mais là elles sont éparses , isolées , sans qu'on ait apperçu les rapports qui sont entre elles. Dans Helvétius , au contraire, elles sont liées , elles s'appuient , et forment le systême de l'homme.

Cette vérité, *Toutes nos idées nous viennent des sens,* se trouve dans Aristote et dans Epicure ; mais ce n'est que dans Locke qu'elle est développée, démontrée, et qu'elle fonde la connoissance de l'esprit humain. Par conséquent, c'est à Locke qu'elle appartient.

Ce qui est vice au nord est vertu au midi, est dans Montagne comme dans Helvétius : mais dans Montagne cette vérité est donnée comme un phénomene dont on ignore la cause ; dans le livre de l'*Esprit* la cause en est assignée. Les vérités appartiennent moins à ceux qui les proferent comme de simples assertions, qu'à ceux qui les démontrent, les développent, les lient à d'autres vérités, et les rendent plus fécondes.

On accusa Helvétius de manquer de méthode. On a fait le même reproche à M. de Montesquieu ; et ce reproche n'a été fait que par des hommes dont la tête, faute d'attention ou de capacité, n'a pas saisi l'ensemble du livre de l'*Esprit*, ou de l'Esprit des lois. La chaîne des idées échappe dans M. de Montesquieu, parcequ'il est obligé d'omet-

tre souvent les idées intermédiaires;
mais cette chaîne n'existe pas moins.
Elle échappe dans Helvétius, parce-
que les idées intermédiaires étant
ou très neuves, ou très importantes,
il les développe, il les étend, il les
embellit. Alors l'esprit, frappé de
plusieurs détails, perd de vue la
suite des idées principales; mais
cette suite n'est pas moins dans l'ou-
vrage.

On osa dire qu'Helvétius anéan-
tissoit toutes les vertus, parcequ'il
faisoit de l'intérêt le mobile de toutes
les actions. Mais qu'est-ce qu'Hel-
vétius entend par le mot d'intérêt?
L'amour du plaisir, l'aversion de la
douleur. A quoi se réduit donc ce
qu'il dit? A cette vérité éternelle

que, soit dans la vertu, soit dans les plaisirs, le desir de notre bonheur est toujours notre mobile.

On l'accusa aussi de favoriser la corruption des mœurs et le libertinage, parcequ'il parle de l'enthousiasme de vertu et de gloire que l'amour des femmes a souvent inspiré chez les Spartiates, chez les Samnites, et chez nos ancêtres. On voit cependant dans les principes d'Helvétius, que, si le libertinage régnoit chez un peuple, les femmes y seroient trop peu estimées pour que le desir de leur plaire devînt un mobile puissant, et que, quand les plaisirs sont communs, ou faciles, on ne les achete ni par des travaux ni par des dangers.

8.

On blâme Helvétius de parler
froidement des vertus privées et seu-
lement utiles à de petites sociétés.
Ce n'est pas qu'il ne sentît l'es-
time qui leur est due ; il les possé-
doit toutes. Mais elles sont moins
son objet que les vertus qui contri-
buent au bonheur et à la gloire des
nations ; et quand ces grandes vertus
sont une fois établies par de bonnes
lois, les autres en deviennent la
suite nécessaire.

Ce que le commun des lecteurs
a le moins pardonné à Helvétius,
c'est d'avoir prétendu que tous les
hommes naissoient avec la même
disposition à l'esprit, et qu'il n'y
avoit pas d'homme que l'éducation
et le travail ne pussent élever au rang

de génie. Selon lui, c'est l'éducation
seule qui distingue les hommes. La
nature les a faits égaux. Il compte
pour rien les différences du tempé-
rament, de la constitution physi-
que ; il suppose que l'organe inté-
rieur qui reçoit les sensations est
le même dans toutes les têtes, qu'il
reçoit ces sensations de la même
maniere, qu'il opere dans tous avec
la même facilité ; et qu'enfin les cir-
constances seules et l'éducation ont
fait Newton géomètre, Homere poë-
te, Raphaël peintre ; et tel critique
un sot. Il emploie toutes ses forces
pour établir cette opinion ; et il faut
convenir que jusqu'à présent il ne
l'a pas persuadée. Mais, des efforts
qu'il fait pour la prouver, il résulte

l'évidence d'une très-grande vérité :
c'est qu'en général, pour étendre et
former nos talents, nos qualités,
nous comptons trop sur la nature,
et pas assez sur l'éducation. Cette
maxime de Locke, que nous nais-
sons les disciples des objets qui nous
environnent, est mise dans tout son
jour par Helvétius. Il faut dire en-
core que, si chaque homme n'est
pas né avec les mêmes dispositions
qu'un autre, les hommes considérés
en masse sont réputés égaux. Le
législateur qui commande à vingt
millions d'hommes doit voir à tous
les mêmes facultés; et ses lois, com-
me celles de la nature, doivent être
générales. Elles ne doivent choisir
personne pour inspirer à lui seul la

vertu ou le génie. C'est au philosophe qui observe les hommes dans le détail à voir les différences que la nature a mises entre eux. Mais ces différences s'anéantissent aux yeux du législateur.

Sans m'arrêter davantage aux critiques faites contre l'un des meilleurs ouvrages de ce siecle, je dirai qu'il fut condamné à Rome par l'inquisition, mais que cette condamnation, sollicitée par le clergé de France, n'eut aucun effet en Italie. Le livre y fut traduit, admiré, et réimprimé. Plusieurs hommes revêtus des premieres dignités de l'église, et entre autres le cardinal Passionnei, s'empresserent d'écrire à l'auteur pour le remercier du plai-

sir qu'il leur avoit donné. Un autre
cardinal, que nous ne nommons
point parcequ'il vit encore, lui man-
doit « qu'on ne concevoit pas à
Rome la sottise et la méchanceté
des prêtres français ». Tous les jour-
naux d'Italie le comblerent d'éloges.

L'un dit, en parlant du livre:
*Questa è un oprà che all' umanità
apporterà infallibilmente un gran
vantaggio.* Un autre dit de l'auteur:
*Il grande autore dee rallegrarsi,
essendo sicuro della gratitudine e
della stima che per lui avranno i
veri dotti, e quelli che ben com-
prendono le di lui grande idee.*

Le succès fut le même en Angle-
terre. Traduit à Londres, il s'en fit
plusieurs éditions dans la premiere

année. En Écosse, MM. Hume et Robertson en parlerent comme d'un ouvrage supérieur. Plusieurs poëtes anglais le célébrerent. Il n'eut de critiques dans cette île éclairée que celles d'un petit nombre de partisans que s'y conserve la philosophie de Platon, embellie et rendue spécieuse par milord Shafsterburi.

En Allemagne, il parut d'abord deux traductions du livre d'Helvétius. Le fameux Gottschetd mit à la tête d'une de ces traductions une préface dans laquelle il dit « que si le livre de l'Esprit a été condamné en France et dans un pays qui croit à l'infaillibilité du pape, il doit réussir chez les protestants et dans les pays où les hommes ont conservé leurs droits ». Il ajoute « que l'auteur vient de détruire plusieurs préjugés funestes à sa patrie, et qu'il éclaire le monde sur les principes de la morale et de la législation. »

Son livre fut lu avec avidité dans toutes les cours d'Allemagne, et il fut reçu avec les mêmes transports en Suede, et jusqu'en Russie. La reine de Suede disoit à un homme qu'elle honoroit de sa confiance : « Que je voudrois m'entretenir avec M. Helvétius ! Je voudrois au moins qu'il sût le plaisir qu'il me donne. Écrivez-lui de ma part combien je l'admire. »

L'ambassadeur de France à Pétersbourg lui écrivoit : « J'ai trouvé en arrivant l'esprit russe aussi oc-

cupé du vôtre que tout le reste de
l'Europe ; et c'est avec un grand
plaisir que je me charge d'être l'in-
terprete des gens éclairés de cette
nation. Je prends la liberté de m'é-
tendre avec eux sur vos qualités.
Comme citoyen et comme ministre,
je dois connoître et faire connoître
tout ce qui honore ma patrie. »

Le petit nombre de Français dont
les suffrages méritent d'être comp-
tés citoient le livre de l'Esprit avec
éloge dans leurs ouvrages, et le dé-
fendoient avec chaleur dans la con-
versation. Voltaire donnoit à Helvé-
tius les témoignages les plus flatteurs
de son estime :

Vos vers semblent écrits par la main d'Apollon ;
Vous n'en avez pour fruit que ma reconnoissance :

Votre livre est dicté par la saine raison,
Partez vîte , et quittez la France.

Voltaire lui offre un asyle ; il le console, il le soutient, il l'encourage ; il lui souhaite et lui propose de vivre dans une entiere indépendance, où il puisse faire usage de son amour pour la vérité, de son éloquence et de son génie. Il écrit en même temps à d'autres personnes qu'il est le partisan le plus zélé d'Helvétius, que notre nation est bien ridicule, et que, sitôt qu'il paroît une vérité parmi nous, tout le monde est alarmé comme si les Anglais faisoient une descente. Il ajoute qu'en Angleterre le livre de l'Esprit n'auroit fait à son auteur que des disciples et des amis, parce-

qu'au lieu d'hypocrites et de petits
importants, les Anglais n'ont que
des philosophes qui nous instrui-
sent, et des marins qui nous don-
nent sur les oreilles. Il invite sur-
tout ses compatriotes à imiter les
Anglais dans leur noble liberté de
penser, et leur profond mépris pour
les fadaises de l'école. Il assure que
depuis long-temps il n'a pas vu un
seul honnête homme qui, sur les
choses essentielles, ne pensât comme
Helvétius.

Tant de suffrages illustres, les
éditions du livre de l'Esprit qui se
succédoient rapidement, son succès
chez toutes les nations, le témoi-
gnage que l'auteur pouvoit se rendre
d'avoir fait un livre utile au genre

humain, les signes éclatants de la reconnoissance universelle, le doux sentiment de sa gloire, guérirent bientôt les blessures qu'avoient faites à Helvétius la cabale et l'envie. Il fut plus heureux que jamais.

Il passoit la plus grande partie de l'année à sa terre de Voré. Bon mari et bon pere, content de sa femme et de ses enfants, il y goûtoit tous les plaisirs de la vie domestique. Le bonheur de cette famille étoit remarqué de ceux mêmes qui étoient le moins faits pour le sentir. Une femme du monde disoit en parlant d'eux : « Ces gens-là ne prononcent point comme nous les mots de mon mari, ma femme, mes enfants. »

Helvétius s'étoit préparé depuis

long-temps une autre source de bon-
heur. A peine avoit-il été possesseur
de sa terre de Voré, qu'il s'y étoit
livré à son caractere de bienfai-
sance.

Il y avoit dans cette terre un gen-
tilhomme nommé M. de Vasseconcelle. Il ne possédoit qu'un petit bien
chargé de redevances au seigneur,
et depuis long-temps il ne les avoit
pas payées. Helvétius, en achetant
la terre, achetoit aussi les droits sur
les sommes qu'on devoit à Voré. Les
gens d'affaires, pour faire leur cour
au nouveau seigneur, ne manque-
rent pas d'exiger avec rigueur tout
ce qui lui étoit dû. Il étoit arrivé
depuis quelques jours, lorsqu'on lui
annonça M. de Vasseconcelle. Celui-

ci dit à Helvétius que l'état de ses
affaires ne lui avoit pas permis de-
puis plusieurs années de payer ce
qu'il devoit au seigneur de Voré ;
qu'il n'étoit pas en état dans ce mo-
ment de donner le tout ; mais qu'il
s'engageoit, pour l'avenir, à payer
exactement l'année courante, et les
arrérages d'une année. Il ajouta que,
si l'on en exigeoit davantage, et si
l'on continuoit les procédures, on le
ruineroit sans ressource. « Je sais, lui
dit le philosophe, que vous êtes un
galant homme, et que vous n'êtes
pas riche. Vous me paierez à l'ave-
nir comme vous le pourrez ; et voici
un papier qui doit empêcher mes
gens d'affaires de vous inquiéter. »
Il lui donne une quittance générale.

M. de Vasseconcelle se jette à ses genoux en s'écriant : « Ah ! monsieur, vous sauvez la vie à ma femme et à cinq enfants ». Helvétius le releve en l'embrassant, lui parle avec l'intérêt le plus noble et le plus tendre, et lui fait accepter une pension de 1000 livres pour élever ses enfants.

D'autres gentilshommes, ou voisins ou vassaux d'Helvétius, eurent recours à lui dans leurs besoins ; plusieurs furent prévenus. Ceux qui pendant la guerre avoient une troupe à rétablir, ou un équipage à faire, ceux qui avoient des enfants à élever, un bien en désordre, pouvoient compter sur le seigneur de Voré. Entre tous les hommes de cette

classe qu'il a obligés, nous ne nom-
merons que MM. de l'Étang, qui
n'ont jamais voulu taire les bienfaits
qu'ils ont reçus d'Helvétius.

Si ses fermiers essuyoient quelque
perte, si l'année n'étoit pas féconde,
il leur faisoit d'abord des remises,
et souvent leur donnoit de l'argent.
Il avoit fixé dans ses terres un chi-
rurgien, homme de mérite. Il avoit
établi une pharmacie bien fournie
de tout, et dont les remedes étoient
distribués à tous ceux qui en avoient
besoin. Dès qu'un paysan tomboit
malade, il recevoit de la viande, du
vin, et tout ce qui convenoit à son
état. Helvétius alloit le voir souvent,
il le consoloit, il avoit soin qu'il
fût bien servi ; quelquefois il le

servoit lui-même. Il avoit une ma-
niere assez sûre de terminer les pro-
cès; il payoit d'abord le prix de la
chose contestée.

Il étoit l'ami zélé et attentif du
petit nombre de paysans qui mon-
troient des mœurs et de la bonté; il
étoit flatté d'avoir pour convives des
vieillards, des femmes décrépites,
qui avoient toute la grossièreté de
leur état, mais qui étoient justes, et
faisoient du bien.

Il a fait souvent jouir ses amis
d'un spectacle délicieux, celui de
son arrivée à la campagne. Femmes,
vieillards, enfants, venoient l'entou-
rer, l'embrasser, poussoient des cris
et versoient des larmes de joie. A son
départ, son carrosse étoit long-temps

suivi d'une foule de ses vassaux, ou seulement de ses voisins.

Il excitoit le travail dans toutes ses terres; et il vouloit exciter l'industrie à Voré, parcequ'elle pouvoit seule donner aux habitants une aisance que leur refuse la stérilité du terrain. Il essaya de faire faire du point d'Alençon; mais, jusqu'à présent, cet essai n'a pas réussi. Il a été plus heureux dans une autre entreprise: après avoir été trompé par des agents infideles ou peu intelligents, il a enfin établi une manufacture de bas au métier, qui fait de jour en jour de nouveaux progrès.

Il passoit toutes ses matinées à méditer et à écrire; le reste du jour, il cherchoit de la dissipation. Il ai-

moit la chasse ; mais, pour la rendre
plus agréable, il n'imaginoit pas de
multiplier le gibier. Il est vrai qu'il
n'aimoit pas à le voir détruire par
d'autres que par lui. Cependant il
étoit entouré de braconniers. Il fit
faire des défenses séveres ; mais les
gardes, qui le connoissoient, ne por-
toient pas fort loin la sévérité. Un
jour un paysan vint chasser jusque
sous les fenêtres du château. Helvé-
tius en fut irrité, et ordonna que cet
homme fût veillé de près, et arrêté à
la premiere occasion. Dès le lende-
main on lui amene le coupable.
Helvétius, fort en colere, se leve,
et court au chasseur, que deux gar-
des traînoient dans la cour du châ-
teau. Après l'avoir regardé un mo-

ment, « Mon ami, lui dit-il, vous avez de grands torts avec moi. Si vous aviez besoin de gibier, pourquoi ne m'en avoir pas demandé? je vous en aurois donné ». Après ce peu de mots, il fit rendre la liberté au paysan, et lui fit donner du gibier.

Cependant Mme Helvétius, indignée de l'insolence des braconniers, assuroit son mari que tant qu'il ne les puniroit pas ils continueroient leurs chasses. Il en convint, et promit d'user de rigueur. Il ordonna à ses gardes de faire payer l'amende à quiconque tireroit sur ses terres, et de le désarmer. Peu de jours après ces ordres, ils arrêtent un paysan qui chassoit, lui ôtent son fusil, et le conduisent en prison, dont il ne

sortit qu'après avoir payé l'amende.
Helvétius, informé de cette aven-
ture, va trouver le paysan, mais en
secret, dans la crainte d'essuyer les
reproches de Mme Helvétius. Après
avoir fait promettre à ce braconnier
qu'il ne parleroit pas de ce qui alloit
se passer entre eux, il lui paye le
prix de son fusil, et lui rend la
somme à laquelle l'amende et les
frais pouvoient se monter. Mme Hel-
vétius, de son côté, n'étoit pas tran-
quille : elle disoit à ses enfants : « Je
suis la cause que ce pauvre homme
est ruiné ; c'est moi qui ai excité
votre père à faire punir les bracon-
niers ». Elle se fait conduire chez
celui qui lui faisoit tant de pitié ;
elle demande à quoi se monte la

somme de l'amende et des frais, et le prix du fusil; elle paye le tout; et le paysan reçut l'argent sans manquer au secret qu'il avoit promis à Helvétius.

La même année, à son retour à Paris, il lui arriva une petite aventure qui prouve que sa philosophie et sa bonté ne le quittoient jamais. Son carrosse fut arrêté dans une rue par une charrette chargée de bois, et qui pouvoit se détourner aisément, et rendre la rue libre. Elle n'en fit rien. Helvétius, impatienté, traita de coquin le conducteur de la charrette. « Vous avez raison, lui dit le paysan; je suis un coquin et vous un honnête homme : car je suis à pied, et vous êtes en carrosse ». — « Mon

ami, lui dit Helvétius, je vous de—
mande pardon ; mais vous venez de
me donner une excellente leçon, que
je dois payer». Il lui donna six francs,
et le fit aider par ses gens à ranger
la charrette.

Après avoir passé sept ou huit
mois dans ses terres, il ramenoit sa
famille à Paris, et y vivoit dans
une assez grande retraite avec quel-
ques amis de tous les états, qui lui
convenoient par leurs lumieres et
par leurs mœurs. Seulement il don-
noit un jour de la semaine aux sim-
ples connoissances. Ce jour-là, sa
maison étoit le rendez-vous de la
plupart des hommes de mérite de la
nation, et de beaucoup d'étrangers :
princes, ministres, philosophes,

grands seigneurs, littérateurs, étoient empressés de connoître Helvétius.

Un genre de vie si délicieux ne fut interrompu que par deux voyages agréables. Il voulut voir l'Angleterre, et connoître cette nation célebre à qui l'Europe doit tant de lumieres. Il vouloit voir l'effet des bonnes lois et d'une administration vigilante. Il partit pour Londres au mois de mars 1764. Il fut reçu du roi, des hommes en place, des savants, comme devoit l'être un homme illustre que sa réputation avoit devancé. Il vit les campagnes; il ne les trouva pas mieux cultivées que celles de France; mais il trouvoit des cultivateurs plus heureux. Il remarquoit dans le peuple de l'intérieur de l'Angleterre beaucoup d'humanité, et rien de cette insolence que les étrangers reprochent quelquefois aux habitants de Londres.

En traversant un bourg de la province d'York-Shire, un postillon mal-adroit le renversa ; les glaces de la chaise furent brisées, et le postillon, qui avoit été fort froissé, jetoit des cris. Helvétius, que les éclats des glaces avoient blessé, sortant de sa chaise, les mains sanglantes, ne s'occupa que du postillon. Quelques paysans, qui étoient accourus pour les secourir, remarquerent ce trait d'humanité, et le firent remarquer à d'autres. Dans le moment, Helvétius fut environné

de tous les habitants du bourg. Tous
s'empressoient de lui offrir leur mai-
son, leurs chevaux, des vivres, en-
fin des secours de toute espece. Plu-
sieurs, et même des plus riches,
vouloient lui servir de postillon.

Il remarquoit dans les Anglais un
amour extrême pour leurs enfants.
Ce qu'on appelle en France l'esprit
de société leur est presque inconnu,
mais ils jouissent beaucoup des dou-
ceurs de la vie domestique. L'esprit
de société rassemble à Paris des hom-
mes qui ont le besoin des amuse-
ments frivoles : l'esprit de société
rassemble les Anglais pour s'occu-
per des intérêts et de la prospérité
de leur patrie. Ils ne cherchent pas
les dissipations, parcequ'ils ont des

jouissances solides. On voit peu en
Angleterre ce rire plus souvent le
signe de la folie que l'expression du
bonheur ; mais on y voit l'aisance, et
un sage emploi du temps. On voit un
peuple sérieux, occupé, et content.
Helvétius, en quittant ce pays où il
n'avoit point vu l'humanité humiliée
et souffrante, répandit des larmes.

Il céda l'année suivante aux in-
stances du roi de Prusse, et de plu-
sieurs princes, qui depuis long-temps
l'invitoient à faire un voyage en Al-
lemagne. Depuis qu'on savoit qu'il
pouvoit se déterminer à voyager, les
instances devenoient plus vives ; et
il partit à la fin de l'hiver de 1765.
Il étoit pressé de se rendre à Berlin,
et de voir un grand homme. Le roi

de Prusse voulut le loger, et ne per-
mit pas qu'il eût une autre table que
la sienne. Il l'entretint souvent, et
prit pour sa personne et son carac-
tere l'estime qu'il avoit pour son es-
prit. Il fut accueilli avec la même
considération chez plusieurs princes
d'Allemagne, et sur-tout à Gotha.

Il remarquoit, en général, dans
toutes ces cours et dans la noblesse
allemande, de la philosophie, de l'a-
mour de l'ordre, et de l'humanité.
Il résulte de cet esprit que, sous
le joug de plusieurs princes, dont
la plupart sont despotes, le peuple
n'est point misérable. Helvétius avoit
alors quelque crainte d'être encore
persécuté en France. Tous les prin-
ces d'Allemagne lui offroient à l'envi

une retraite. Tous vouloient l'arrê-
ter. Il fut regretté de tous. Cepen-
dant si la persécution s'étoit renou-
velée contre lui, l'Angleterre est le
pays qu'il auroit choisi pour asyle.

En attendant, il revint en France.
On y avoit dissous l'ordre des jésui-
tes. Cette société d'intrigants, cette
cabale éternelle, à laquelle se ral-
lioient tous les ambitieux sans mé-
rite, cette société funeste aux mœurs
et aux progrès des lumieres, n'avoit
point été proscrite par des philoso-
phes. Ils auroient détruit l'ordre ;
mais ils auroient bien traité les in-
dividus. Les parlements, pour la
plupart jansénistes, avoient traité
l'ordre comme ils le devoient, et
les individus avec barbarie.

Helvétius avoit appris que ce jé-
suite qui avoit abusé de sa confiance
et trahi son amitié, ce jésuite qui
lui avoit fait perdre les bontés de la
reine, et animé contre lui les tar-
tuffes de la cour, étoit confiné dans
un village où il souffroit dans sa
vieillesse la plus extrême pauvreté.
Il alla trouver un des amis de ce
malheureux, et lui donna cinquante
louis. « Portez-les, lui dit-il, au père
*** ; mais ne lui dites pas qu'ils
viennent de moi : il m'a offensé, et
il seroit humilié de recevoir mes
secours. »

Helvétius, dans sa retraite de
Voré, s'occupoit à développer, à
prouver, les principes du livre de
l'*Esprit*.

Il avoit d'abord travaillé à les jus-
tifier, à répondre aux critiques ;
mais l'ouvrage fut à peine fini, que
les critiques étoient oubliées. Re-
nonçant à ce projet, il aima mieux
suivre ses premieres idées et former
un plan général d'éducation. C'est le
sujet de son livre de l'*Homme*, dont
il a donné lui-même cette analyse.

Après avoir, dans l'exposition de
cet ouvrage, dit un mot de son im-
portance, de l'ignorance où l'on
est des vrais principes de l'éduca-
tion, enfin, de la sécheresse de ce
sujet, et de la difficulté de le trai-
ter, il examine, section I,

« Si l'éducation nécessairement
différente des divers hommes n'est
pas la cause de cette inégalité des

esprits jusqu'à présent attribuée à
l'inégale perfection des organes. »

L'auteur demande, à cet effet, à
quel âge commence l'éducation de
l'homme, et quels sont ses insti-
tuteurs.

Il voit que l'homme est disciple
de tous les objets qui l'environnent,
de toutes les positions où le hasard
le place, enfin de tous les accidents
qui lui arrivent;

Que ces objets, ces positions et
ces accidents, ne sont exactement les
mêmes pour personne, et qu'ainsi
nul ne reçoit les mêmes instruc-
tions;

Que dans la supposition impossi-
ble où les hommes eussent les mêmes
objets sous les yeux, ces objets ne

les frappant point dans le moment précis où leur ame se trouve dans la même situation , ces objets en conséquence n'exciteroient point en eux les mêmes idées , et qu'ainsi la prétendue uniformité d'instruction reçue, soit dans les colleges , soit dans la maison paternelle, est une de ces suppositions dont l'impossibilité est prouvée et par le fait et par l'influence qu'un hasard indépendant des maîtres a et aura toujours sur l'éducation de l'enfance et de l'adolescence.

D'après ces données , il considere l'extrême étendue du pouvoir du hasard, et examine

Si les hommes illustres ne lui doivent pas souvent leur goût pour tel

ou tel genre d'étude, et, par consé-
quent, leurs talents et leurs succès
en ce même genre :

Si l'on peut perfectionner la science
de l'éducation, sans resserrer les
bornes de l'empire du hasard:

Si les contradictions actuelles ap-
perçues entre tous les préceptes de
l'éducation n'étendent pas l'empire
de ce même hasard:

Si ces contradictions, dont il
donne quelques exemples, ne doi-
vent point être regardées comme un
effet de l'opposition qui se trouve
entre le systême religieux et le sys-
tême du bonheur public:

Si l'on pourroit rendre les religions
moins destructives de la félicité na-
tionale, et les fonder sur des prin-

cipes plus conformes à l'intérêt gé-
néral :

Quels sont ces principes :

S'il est possible qu'un prince éclai-
ré les établisse :

Si, parmi les fausses religions, il
en est quelques unes dont le culte
ait été moins contraire au bonheur
des sociétés, et, par conséquent, à
la perfection de la science de l'édu-
cation :

Si, d'après ces divers examens, et
dans la supposition où tous les hom-
mes auroient une égale aptitude à
l'esprit, la seule différence de leur
éducation ne devroit pas en produire
une dans leurs idées et leurs talents.
D'où il suit que l'inégalité actuelle
des esprits ne peut être regardée,

dans les hommes communément
bien organisés , comme une preuve
démonstrative de leur inégale apti-
tude à en avoir.

Il examine , section II,

« Si tous les hommes communé-
ment bien organisés n'auroient pas
une égale aptitude à l'esprit. »

Il convient d'abord que toutes nos
idées nous viennent par les sens ;
qu'en conséquence on a dû regarder
l'esprit comme un pur effet , ou de
la finesse plus ou moins grande des
cinq sens , ou d'une cause occulte
ou non déterminée , à laquelle on a
vaguement donné le nom d'organi-
sation :

Que , pour prouver la fausseté de
cette opinion , il faut recourir à

l'expérience, se faire une idée nette du mot *Esprit*, le distinguer de l'ame ; et, cette distinction faite, observer :

Sur quels objets l'esprit agit :

Comment il agit ;

Si toutes ses opérations ne se réduiroient pas à l'observation des ressemblances et des différences, des convenances et des disconvenances que les objets divers ont entre eux et avec nous, et si, par conséquent, tous les jugements portés sur les objets physiques ne seroient pas de pures sensations ;

S'il n'en seroit pas de même des jugements portés sur les idées auxquelles on donne les noms d'abstraites, de collectives, etc.

Si, dans tous les cas, juger et comparer seroit autre chose que *voir alternativement,* c'est-à-dire *sentir;*

Si l'on peut éprouver l'impression des objets, sans cependant les comparer entre eux;

Si leur comparaison ne suppose point intérêt de les comparer;

Si cet intérêt ne seroit pas la cause unique et ignorée de toutes nos idées, nos actions, nos peines, nos plaisirs, enfin de notre sociabilité.

Sur quoi il observe que cet intérêt prend, en derniere analyse, sa source dans la sensibilité physique; que cette sensibilité, par conséquent, est le seul principe des idées et des actions humaines;

Qu'il n'est point de motif raison-
nable pour rejeter cette opinion ;

Que, cette opinion une fois dé-
montrée et reconnue pour vraie, on
doit nécessairement regarder l'iné-
galité des esprits comme l'effet,

Ou de l'inégale étendue de la
mémoire,

Ou de la plus ou moins grande
perfection des cinq sens ;

Que, dans le fait, ce n'est ni la
grande mémoire, ni l'extrême finesse
des sens, qui produit et doit produire
le grand esprit ;

Qu'à l'égard de la finesse des sens,
les hommes communément bien
organisés ne diffèrent que dans la
nuance de leurs sensations ;

Que cette légere différence ne

change point le rapport de leurs
sensations entre elles; que cette dif-
férence, par conséquent, n'a nulle
influence sur leur esprit, qui n'est
et ne peut être que la connoissance
des vrais rapports des objets entre
eux;

Cause de la différence des opinions
des hommes;

Que cette différence est l'effet de
la signification incertaine et vague
de certains mots; tels sont ceux

De bon,

D'intérêt,

Et de vertu;

Que les mots précisément définis,
et leur définition consignée dans un
dictionnaire, toutes les propositions
de morale, politique, et métaphy-

sique, deviennent aussi susceptibles de démonstrations que les vérités géométriques;

Que, du moment où l'on atta-chera les mêmes idées aux mêmes mots, tous les esprits adopteront les mêmes principes, en tireront les mê-mes conséquences;

Qu'il est impossible, puisque les objets se présentent à tous dans les mêmes rapports, qu'en comparant ces objets entre eux, les hommes (soit dans le monde physique, com-me le prouve la géométrie, soit dans le monde intellectuel, comme le prouve la métaphysique) ne par-viennent aux mêmes résultats;

Que la vérité de cette proposition se prouve, et par la ressemblance

des contes des fées, des contes phi-
losophiques, des contes religieux de
tous les pays, et par l'uniformité des
impostures par-tout employées par
les ministres des fausses religions
pour accroître et conserver leur au-
torité sur les peuples.

De tous ces faits il résulte que, la
finesse plus ou moins grande des sens
ne changeant en rien la proportion
dans laquelle les objets nous frap-
pent, tous les hommes communé-
ment bien organisés ont une égale
aptitude à l'esprit.

Pour multiplier les preuves de
cette importante vérité, l'auteur la
démontre encore dans la même sec-
tion par un autre enchaînement de
propositions. Il fait voir que les plus

sublimes idées, une fois simplifiées, sont, de l'aveu de tous les philosophes, réductibles à cette proposition claire : *le blanc est blanc : le noir est noir;*

Que toute vérité de cette espece est à la portée de tous les esprits; qu'il n'en est donc aucune, quelque grande et générale qu'elle soit, qui, nettement présentée et dégagée de l'obscurité des mots, ne puisse être également saisie de tous les hommes communément bien organisés. Or, pouvoir également atteindre aux plus hautes vérités, c'est avoir une égale aptitude à l'esprit. Telle est la conclusion de la seconde section.

L'objet de la troisieme section est la recherche des causes auxquelles

on peut attribuer l'inégalité des es-
prits.

Ces causes se réduisent à deux.

L'une est le desir inégal que les
hommes ont de s'éclairer;

L'autre, la diversité des positions
où le hasard les place : diversité de
laquelle résulte celle de leur instruc-
tion et de leurs idées. Pour faire
sentir que c'est à ces deux causes
seules qu'on doit rapporter et la dif-
férence et l'inégalité des esprits,
l'auteur prouve que la plupart de
nos découvertes sont des dons du
hasard;

Que les mêmes dons ne sont pas
accordés à tous;

Que néanmoins ce partage n'est
pas si inégal qu'on l'imagine;

Qu'à cet égard c'est moins le hasard qui nous manque, que nous qui manquons au hasard ;

Qu'à la vérité tous les hommes communément bien organisés ont également d'esprit en·puissance ; mais que cette puissance est morte en eux, lorsqu'elle n'est point mise en action par une passion telle que l'amour de l'estime, de la gloire, etc. ;

Que les hommes ne doivent qu'à de telles passions l'attention propre à féconder les idées que le hasard leur offre ;

Que, sans passions, leur esprit peut, si l'on veut, être regardé comme une machine parfaite, mais dont le mouvement est suspendu jusqu'à ce que les passions le lui rendent.

D'où l'on doit conclure que l'inégalité des esprits est dans les hommes le produit et du hasard et de l'inégale vivacité de leurs passions. Mais de telles passions seroient-elles en eux l'effet de la force de leur tempérament ? C'est ce qu'Helvétius examine dans la section quatrieme.

Il y démontre :

Que les hommes communément bien organisés sont susceptibles du même degré de passion ;

Que leur force inégale est toujours en eux l'effet de la différence des positions où le hasard les place ;

Que le caractere original de chaque homme, comme l'observe Pascal, n'est que le produit de ses premieres habitudes ; que l'homme naît sans idées, sans passions, et sans autres besoins que ceux de la faim et de la soif, par conséquent sans caractere ; qu'il en change souvent sans changer d'organisation ; que ces changemens, indépendants de la finesse plus ou moins grande de ses sens, s'operent d'après des changemens survenus dans sa position et ses idées ;

Que la diversité des caracteres dépend uniquement de la maniere différente dont se modifie dans les hommes le sentiment de l'amour d'eux-mêmes ;

Que ce sentiment, effet nécessaire de la sensibilité physique, est commun à tous ; qu'il produit dans tous l'amour du pouvoir ;

Que ce desir y engendre l'envie, l'amour des richesses, de la gloire, de la considération, de la justice, de la vertu, de l'intolérance, enfin toutes les passions factices dont les noms divers ne désignent que les diverses applications de l'amour du pouvoir.

Cette vérité prouvée, l'on montre, dans une courte généalogie des passions, que si l'amour du pouvoir n'est qu'un pur effet de la sensibilité physique, et si tous les hommes communément bien organisés sont sensibles, tous, par conséquent, sont susceptibles de l'espece de passion propre à mettre en action l'égale aptitude qu'ils ont à l'esprit.

Mais ces passions peuvent-elles s'allumer aussi vivement dans tous? Ce qu'on peut assurer, c'est que l'amour de la gloire peut s'exalter dans l'homme au même degré de force que le sentiment de l'amour de lui-même; c'est que la force de ce sentiment est dans tous les hommes plus que suffisant pour les douer du degré d'attention qu'exige la découverte des plus hautes vérités; c'est que l'esprit humain, en conséquence, est susceptible de perfectibilité; et qu'enfin, dans les hommes communément bien organisés, l'inégalité des talents ne peut être qu'un pur effet de la différence de leur

éducation, dans laquelle différence
je comprends celle des positions où
le hasard les place.

Dans la section V, l'auteur se
propose de montrer les erreurs et les
contradictions de ceux qui, sur cette
question , adoptent des principes
différents des siens, et qui rappor-
tent à l'inégale perfection des or-
ganes des sens l'inégale supériorité
des esprits.

Nul n'a sur cette matiere mieux
écrit que M. Rousseau. Mais, tou-
jours contraire à lui-même, il re-
garde tantôt l'esprit et le caractere
comme l'effet de la diversité des
tempéraments, et tantôt adopte l'o-
pinion contraire.

Que de ses contradictions à ce su
jet il résulte;

Que la vertu, l'humanité, l'esprit et les talents, sont des acquisitions ;

Que la bonté n'est point le partage de l'homme au berceau;

Que les besoins physiques sont en lui des semences de cruauté;

Que l'humanité, par conséquent, est toujours le produit ou de la crainte, ou de l'éducation.

Que M. Rousseau, d'après ses premieres contradictions, tombe sans cesse dans de nouvelles ; qu'il croit tour-à-tour l'éducation utile et inutile.

De l'heureux usage qu'on peut faire dans l'instruction publique de quelques idées de M. Rousseau;

Que, d'après cet auteur, il ne

faut pas croire l'enfance et la pre-
miere jeunesse sans jugement.

Des prétendus avantages de l'âge
mûr sur l'adolescence : qu'ils sont
nuls.

Des éloges donnés par M. Rousseau
à l'ignorance ; des motifs qui l'ont
déterminé à s'en faire l'apologiste :

Que les lumieres n'ont jamais con-
tribué à la corruption des mœurs ;
que M. Rousseau lui-même ne le
croit pas.

Des causes de la décadence des
empires : qu'entre ces causes l'on ne
peut citer la perfection des arts et
des sciences ;

Et que leur culture retarde la ruine
d'un empire despotique.

Dans la section VI, Helvétius

considere les divers maux produits par l'ignorance.

Il prouve que l'ignorance n'est point destructive de la mollesse;

Qu'elle n'assure point la fidélité des sujets;

Qu'elle juge sans examen les questions les plus importantes.

En citant celle du luxe en exemple,

Il prouve qu'on ne peut résoudre cette question sans comparer une infinité d'objets entre eux;

Sans attacher d'abord des idées nettes au mot *luxe;* sans examiner ensuite,

Si le luxe ne seroit pas utile et nécessaire; s'il suppose toujours intempérance dans une nation.

De la cause du luxe : si le luxe ne seroit pas lui-même l'effet des cala- mités publiques dont on l'accuse d'être l'auteur ;

Si, pour connoître la vraie cause du luxe, il ne faut pas remonter à la formation des sociétés, y suivre les effets de la grande multiplication des hommes ;

Observer si cette multiplication ne produit point entre eux division d'intérêt, et cette division une répar- tition trop inégale des richesses na- tionales.

Des effets produits, et par le par- tage trop inégal de l'argent, et par son introduction dans un empire.

Des biens et des maux qu'elle y occasionne.

Des causes de la trop grande iné-
galité des fortunes.

Des moyens de s'opposer à la réu-
nion trop rapide des richesses dans
les mêmes mains.

Des pays où l'argent n'a point de
cours.

Quels sont en ces pays les prin-
cipes productifs de la vertu.

Des pays où l'argent a cours.

Que l'argent y devient l'objet
commun du desir des hommes, et
le principe productif de leurs actions
et de leurs vertus.

Du moment où, semblables aux
mers, les richesses abandonnent cer-
taines contrées.

De l'état où se trouve alors une
nation.

Du stupide engourdissement qui y remplace la perte des richesses.

Des divers principes d'activité des nations.

De l'argent considéré comme un de ces principes.

Des maux qu'occasionne l'amour de l'argent.

Si, dans l'état actuel de l'Europe, le magistrat éclairé doit desirer le trop prompt affoiblissement d'un tel principe d'activité.

Que ce n'est point dans le luxe, mais dans sa cause productrice, qu'on doit chercher le principe destructeur des empires.

Si l'on peut porter trop d'attention à l'examen des questions de cette espece.

Si, dans de telles questions, les jugements précipités de l'ignorance n'entraînent pas souvent une nation aux plus grands malheurs.

Si, conséquemment à ce qu'on vient de dire, l'on ne doit point haine et mépris aux protecteurs de l'ignorance, et généralement à tous ceux qui, s'opposant aux progrès de l'esprit humain, nuisent à la perfection de la législation, par conséquent au bonheur public, uniquement dépendant de la bonté des lois.

On voit dans la section VII que c'est l'excellence des lois, et non, comme quelques uns le prétendent, la pureté du culte religieux, qui peut

1. 13

assurer le bonheur et la tranquillité des peuples.

Du peu d'influence des religions sur les vertus et la félicité des nations.

De l'esprit religieux, destructif de l'esprit législatif.

Qu'une religion vraiment utile forceroit les citoyens à s'éclairer.

Que les hommes n'agissent point conséquemment à leur croyance, mais à leur avantage personnel.

Que plus de conséquence dans leurs esprits rendroit la religion papiste plus nuisible.

Qu'en général les principes spéculatifs ont peu d'influence sur la conduite des hommes ; qu'ils n'obéissent qu'aux lois de leur pays, et à leur intérêt.

Que rien ne prouve mieux le prodigieux pouvoir de la législation que le gouvernement des jésuites.

Qu'il a fourni à ces religieux les moyens de faire trembler les rois, et d'exécuter les plus grands attentats.

Des grands attentats.

Que ces attentats peuvent être également inspirés par les passions de la gloire, de l'ambition, et du fanatisme.

Du moyen de distinguer l'espece de passion qui les commande.

Du moment où l'intérêt des jésuites leur ordonne de grands forfaits.

Quelle secte en France pouvoit s'opposer à leurs entreprises.

Que le jansénisme seul pouvoit détruire les jésuites.

Que sans les jésuites on n'eût jamais connu tout le pouvoir de la législation.

Que, pour la porter à sa perfection, il faut, ou, comme un S. Benoît, avoir un ordre religieux ; ou, comme un Romulus et un Penn, avoir un empire ou une colonie à fonder.

Qu'en toute autre position, le génie législatif, contraint par les mœurs et les préjugés déjà établis, ne peut prendre un certain essor, ni dicter les lois parfaites dont l'établissement procureroit aux nations le plus grand bonheur possible.

Que, pour résoudre le problème de la félicité publique, il faudroit préliminairement connoître ce qui constitue essentiellement le bonheur de l'homme.

La huitieme section fait connoître en quoi consiste le bonheur de l'individu ; et par conséquent la félicité nationale, nécessairement composée de toutes les félicités particulieres.

Que, pour résoudre ce problême politique, il faut examiner si, dans toute espece de conditions, les hommes peuvent être également heureux, c'est-à-dire remplir d'une maniere également agréable tous les instants de leur journée.

De l'emploi du temps.

Que cet emploi est à-peu-près le même dans toutes les professions.

Que si les empires ne sont peuplés que d'infortunés, c'est l'effet de l'imperfection des lois, et du partage trop inégal des richesses.

Qu'on peut donner plus d'aisance aux citoyens; que cette aisance modéreroit en eux le desir trop excessif des richesses.

Des divers motifs qui maintenant justifient ces desirs.

Qu'entre ces motifs, un des plus puissants est la crainte de l'ennui.

Que la maladie de l'ennui est plus commune et plus cruelle qu'on n'imagine.

De l'influence de l'ennui sur les mœurs des peuples et la forme de leurs gouvernements.

De la religion et de ses cérémonies considérées comme remede à l'ennui.

Que le seul remede à ce mal sont des sensations vives et distinctes.

De là notre amour pour l'éloquence, la poésie, et tous ces arts d'agrément dont l'objet est d'exciter de ces sortes de sensations.

Preuve détaillée de cette vérité.

Des arts d'agrément; de leur impression sur l'opulent oisif : qu'ils ne peuvent l'arracher à son ennui.

Que les plus riches sont en général les plus ennuyés, parcequ'ils sont passifs dans presque tous leurs plaisirs.

Que les plaisirs passifs sont en général les plus courts et les plus coûteux.

Qu'en conséquence c'est au riche que se fait le plus vivement sentir le besoin des richesses.

Qu'il voudroit toujours être mû, sans se donner la peine de se remuer;

Qu'il est sans motif pour s'arracher à une oisiveté à laquelle une fortune médiocre soustrait nécessairement les autres hommes.

De l'association des idées de bonheur et de richesse dans notre mémoire; que cette association est un effet de l'éducation.

Qu'une éducation différente produiroit l'effet contraire.

Qu'alors, sans être également riches et puissants, les citoyens seroient et pourroient même se croire également heureux

De l'utilité éloignée de ces prin-
cipes.

Qu'une fois convenu de cette vé-
rité, on ne doit plus regarder le mal-
heur comme inhérent à la nature
même des sociétés, mais comme un
accident occasionné par l'imperfec-
tion de leur législation.

Il est traité, dans la section neu-
vieme, de la possibilité d'indiquer
un bon plan de législation ;

Des obstacles que l'ignorance met
à sa publication ;

Du ridicule qu'elle jette sur toute
idée nouvelle et toute étude appro-
fondie de la morale et de la poli-
tique;

De la haine de l'ignorant pour
toute réforme;

De la difficulté de faire de bonnes lois;

Des premieres questions à se faire à ce sujet.

Des récompenses, de quelque espece qu'elles soient, fût-ce un luxe de plaisir, ne corrompront jamais les mœurs.

Du luxe de plaisirs. Que tout plaisir décerné par la reconnoissance publique fait chérir la vertu, fait respecter les lois, dont le renversement, comme quelques uns le prétendent, n'est jamais l'effet de l'inconstance de l'esprit humain.

Des vraies causes des changemens arrivés dans les lois des peuples.

Que ces changemens prennent

leur source dans l'imperfection de
ces mêmes lois, dans la négligence
des administrateurs, qui ne savent ni
contenir l'ambition des nations voi-
sines par la terreur des armes, ni
celle de leurs concitoyens par la sa-
gesse des réglements, et qui d'ail-
leurs, élevés dans des préjugés nui-
sibles, favorisent l'ignorance des vé-
rités dont la révélation assureroit la
félicité publique.

Que la révélation de la vérité n'est
jamais funeste qu'à celui qui la dit.

Que sa connoissance, utile aux na-
tions, n'en troubla jamais la paix.

Qu'une des plus fortes preuves de
cette assertion est la lenteur avec la-
quelle la vérité se propage.

Des gouvernements.

Que dans aucun le bonheur du prince n'est, comme on le croit, attaché au malheur des peuples.

Qu'on doit la vérité aux hommes.

Que l'obligation de la dire suppose le libre usage des moyens de la découvrir.

Que, privées de cette liberté, les nations croupissent dans l'ignorance.

Des maux que produit l'indifférence pour la vérité.

Que le législateur, comme quelques uns le prétendent, n'est jamais forcé de sacrifier le bonheur de la génération présente à celui de la génération future.

Qu'une telle supposition est absurde.

Qu'on doit d'autant plus exciter

les hommes à la recherche de la vé-
rité, qu'en général, plus indifférents
pour elle, ils jugent une opinion
vraie ou fausse selon l'intérêt qu'ils
ont de la croire telle ou telle.

Que cet intérêt leur feroit nier au
besoin la vérité des démonstrations
géométriques.

Qu'il leur fait estimer en eux la
cruauté qu'ils détestent dans les
autres.

Qu'il leur fait respecter le crime.

Qu'il fait les saints.

Qu'il prouve aux grands la supé-
riorité de leur espece sur celle des
autres hommes.

Qu'il fait honorer le vice dans un
protecteur.

Que l'intérêt du puissant commande plus impérieusement que la vérité aux opinions générales.

Qu'un intérêt secret cacha toujours aux parlements la conformité de la morale des jésuites et du papisme.

Que l'intérêt fait nier journellement cette maxime : « Ne fais pas à autrui ce que tu ne voudrois pas qu'on te fît. »

Qu'il dérobe à la connoissance du prêtre honnête homme, et les maux produits par le catholicisme, et les projets d'une secte intolérante parcequ'elle est ambitieuse, et régicide parcequ'elle est intolérante.

Des moyens employés par l'église pour s'asservir les nations.

Du temps où l'église catholique laisse reposer ses prétentions.

Du moment où elle les fait re-
vivre.

Des prétentions de l'église prou-
vées par le droit.

De ces mêmes prétentions prou-
vées par le fait.

Des moyens d'enchaîner l'ambi-
tion ecclésiastique.

Que le tolérantisme seul peut la
contenir; peut, en éclairant les es-
prits, assurer le bonheur et la tran-
quillité des peuples, dont le carac-
tere est susceptible de toutes les
formes que lui donnent les lois, le
gouvernement, et sur-tout l'éduca-
tion publique.

Il s'agit, dans la section dixieme,
de la puissance de l'éducation, des
moyens de la perfectionner, des ob-

sition l'homme est susceptible d'une éducation morale.

De l'éducation relative aux diverses professions.

De l'éducation morale de l'homme.

Des obstacles qui s'opposent à la perfection de cette partie de l'éducation.

Intérêt du prêtre, premier obstacle.

Imperfection de la plupart des gouvernements, second obstacle.

Que toute réforme importante dans la partie morale de l'éducation en suppose une dans les lois et la forme du gouvernement.

Que, cette réforme faite, et les obstacles qui s'opposent aux progrès de l'instruction une fois levés, le problême de la meilleure éducation possible est résolu.

Le but de l'auteur dans sa conclusion, c'est de prouver l'analogie de ses opinions avec celles de Locke;

De faire sentir toute l'importance et l'étendue du principe de la sensibilité physique;

De répondre au reproche de matérialisme et d'impiété;

De montrer toute l'absurdité de telles accusations, et l'impossibilité pour tout moraliste éclairé d'échapper à cet égard aux censures ecclésiastiques.

Cet ouvrage est la suite du livre de l'Esprit. C'est le même fonds d'idées vraies, avec de plus grands

développements peut-être, avec plus
de profondeur dans les principes et
d'étendue dans les conséquences.
Son dessein n'étant pas de le publier
de son vivant, il n'eut pas le temps
de donner à sa composition le même
soin ni le même degré de perfection
qu'à son livre de l'Esprit. La violence
de la persécution avoit beaucoup di-
minué de son amour pour la gloire.
Le seul desir d'être utile après lui
l'animoit encore. Sa belle ame étoit
sensiblement touchée du bien que
doivent produire un jour ses écrits ;
mais il ne vouloit plus rien donner
au public.

Il voyoit la philosophie, persécutée
par des cabales puissantes, se former
peu de disciples et aucun protecteur.

Il en étoit affligé ; mais il n'en étoit pas étonné. « La vérité, disoit-il, qui ne peut jamais nuire au genre humain, ni même à aucune de ces grandes sociétés qu'on appelle les nations, est souvent opposée aux intérêts de ce petit nombre d'hommes qui sont à la tête des peuples. Ici vous avez de grands corps qui sont tous remplis de ce qu'on appelle l'esprit de corps. Ils tendent sans cesse à usurper les uns sur les autres, et tous sur la patrie. Elle devient comme une grande famille, où les aînés veulent exclure les cadets de tout partage. Comment sera reçu de ces corps un philosophe qui viendra leur dire : Avant tout soyez citoyens ; voilà vos fonctions, rem-

plissez-les avec zele ; voilà vos droits,
conservez-les sans les étendre? Là,
des ministres d'un esprit borné et
d'un caractere altier, incapables de
voir les abus qui se sont introduits,
et ceux qui tiennent à la constitution
de l'état, sont conduits par la rou-
tine, et la suivent. Ils n'ont point
l'habitude de méditer : iront-ils la
prendre? C'est ce qu'il faudroit faire
cependant pour corriger ces abus que
la philosophie vient leur montrer.
Ils ont des fantaisies, des projets
pour leurs favoris, leurs parents:
croyez-vous qu'ils puissent entendre
dire sans impatience qu'ils ne doi-
vent avoir en vue que le bien de
l'état? Qu'ont-ils à desirer? De ne
point éprouver de contradiction. Et

pour cela que faut-il faire ? Ôter à l'autorité toutes ses bornes, dût-on lui ôter toute sa solidité. Mais ces abus que les ministres respectent ou tolerent, à qui sont-ils nuisibles? A la patrie, qui n'est qu'un vain nom. A qui peuvent-ils être utiles? Aux grands. Jugez ce que ces grands penseront d'une secte d'hommes qui leur proposent d'être modérés et jus- tes. Le prince, les grands, sont en- vironnés de prêtres, qui, dans les siecles d'ignorance, régnoient sur les princes et sur les peuples. Si le monde s'éclaire, ils ne seront plus respectés, et on les verra comme des hommes ridicules, ou souvent dan- gereux. Peut-on leur savoir mauvais gré de l'espece de rage avec laquelle

ils déchirent la philosophie ? Doit-on
s'étonner qu'ils soient bien reçus
dans les cours, où ils viennent dire :
Dieu vous a donné la puissance ; il
nous charge de l'apprendre aux peu-
ples : au lieu de vous fatiguer à faire
de bonnes lois, à donner l'exemple
de l'amour de la patrie, forcez les
nations à nous croire, et laissez-nous
faire ; cela est plus aisé.

Vous voyez la cupidité des hom-
mes de mon ancien état, et celle des
courtisans. Ces gens-là laisseront-ils
établir en paix que leurs fortunes ne
sont pas toujours légitimes, et qu'ils
en font un usage odieux ? pourront-
ils consentir qu'on les fasse rougir
de ces mêmes richesses, qui sont
l'aliment de leur orgueil ? Vous voyez

que la philosophie doit être pour-
suivie dans les palais et jusques dans
les cabanes, par les classes de la so-
ciété qui, du moins pour un mo-
ment, déterminent l'opinion. Et de-
vant qui la philosophie a-t-elle à se
défendre? quels sont ses juges? Des
sots. Mais, me direz-vous, il y a
dans la nation des gens de-lettres
estimables qui, sans être au nombre
des philosophes, adoptent leurs prin-
cipes, s'en parent, et les répandent.
Je réponds qu'il y en a peu. Les hom-
mes qui n'ont que de l'esprit sont
les rivaux humiliés des hommes de
génie, et les détestent. Vous aúriez
compté plus d'un bel-esprit dans les
détracteurs de Descartes et de Cor-
neille, et, plus près de nous, dans

ceux de Voltaire, de Montesquieu,
de Buffon et de Fontenelle. La philosophie réduit le bel-esprit, les petits talents, à leur juste valeur; et ils ont intérêt d'unir leur voix à celle des hommes frivoles et corrompus qui s'élevent contre toute liberté de penser. Savez-vous pourquoi, depuis la révolution d'Angleterre, la philosophie y est honorée et heureuse? c'est qu'en Angleterre l'intérêt général et l'intérêt particulier ne sont point opposés ; c'est qu'il y regne l'amour de l'ordre et de la patrie. Si l'honneur véritable, si l'esprit de citoyen, si les vraies vertus renaissoient jamais chez les nations où la philosophie est persécutée, elle y auroit de la considération. Si ces

nations, au contraire, tombent sous le despotisme, et par conséquent se corrompent de plus en plus, la philosophie y sera proscrite pour jamais. »

C'est d'après ces idées qu'Helvétius étoit revenu à son premier talent, et qu'il ne s'occupoit plus que de son poëme du Bonheur. Ce talent qu'il avoit laissé sans en faire usage ne s'étoit point affoibli : on peut en juger par le quatrieme chant, et par une épître qu'il a composée l'été dernier. Il comptoit travailler encore plusieurs années à cet ouvrage, et le donner lorsque ses amis et lui-même en seroient contents. Et à quel degré de perfection ne l'auroit-il pas porté!

On remarqua, au commencement

de 1771, quelques changements dans
son humeur et dans ses goûts; on
ne lui trouvoit pas sa sérénité ordi-
naire; il aimoit moins les conversa-
tions qu'il avoit le plus aimées;
l'exercice le fatiguoit; il n'alloit pres-
que plus à la chasse. Ce changement
n'alarmoit pas sa famille et ses amis :
on étoit bien loin de le regarder
comme un signe de décadence; on
l'attribuoit à des causes morales. Ces
dernieres années ont été l'époque des
malheurs publics, auxquels Helvé-
tius fut fort sensible. Le désordre des
finances et le changement dans la
constitution de l'état répandirent
une consternation générale. Un grand
nombre de suicides dans le royaume,
un plus grand nombre dans la capi-

tale, sont de tristes preuves de cette consternation. Des maux physiques l'augmentoient encore : les récoltes n'étoient point abondantes. Tant que la disette a duré, les aumônes d'Helvétius n'ont pas permis à ses vassaux d'en souffrir. Dans ces années malheureuses il a prolongé son séjour à sa campagne, qui lui devenoit plus chere par le besoin qu'elle avoit de lui ; et d'ailleurs le spectacle d'une misere qu'il ne pouvoit soulager lui rendoit triste le séjour de Paris. Il y faisoit cependant de grands biens. Tous les jours on introduisoit chez lui avec beaucoup de mystere quelques nouveaux objets de sa générosité. Souvent, en leur présence, il disoit à son valet-de-chambre:

préliminairement connoître ce qui constitue essentiellement le bonheur de l'homme.

La huitieme section fait connoître en quoi consiste le bonheur de l'individu, et par conséquent la félicité nationale, nécessairement composée de toutes les félicités particulieres.

Que, pour résoudre ce problème politique, il faut examiner si, dans toute espece de conditions, les hommes peuvent être également heureux, c'est-à-dire remplir d'une maniere également agréable tous les instants de leur journée.

De l'emploi du temps.

Que cet emploi est à-peu-près le même dans toutes les professions.

Que si les empires ne sont peuplés que d'infortunés, c'est l'effet de l'imperfection des lois, et du partage trop inégal des richesses.

Qu'on peut donner plus d'aisance aux citoyens; que cette aisance modéreroit en eux le desir trop excessif des richesses.

Des divers motifs qui maintenant justifient ces desirs.

Qu'entre ces motifs, un des plus puissants est la crainte de l'ennui.

Que la maladie de l'ennui est plus commune et plus cruelle qu'on n'imagine.

De l'influence de l'ennui sur les mœurs des peuples et la forme de leurs gouvernements.

De la religion et de ses cérémonies considérées comme remede à l'ennui.

Que le seul remede à ce mal sont des sensations vives et distinctes.

De là notre amour pour l'éloquence, la poésie, et tous ces arts d'agrément dont l'objet est d'exciter de ces sortes de sensations.

Preuve détaillée de cette vérité.

Des arts d'agrément; de leur impression sur l'opulent oisif : qu'ils ne peuvent l'arracher à son ennui.

Que les plus riches sont en général les plus ennuyés, parcequ'ils sont passifs dans presque tous leurs plaisirs.

Que les plaisirs passifs sont en général les plus courts et les plus coûteux.

Qu'en conséquence c'est au riche que se fait le plus vivement sentir le besoin des richesses.

Qu'il voudroit toujours être mû, sans se donner la peine de se remuer;

Qu'il est sans motif pour s'arracher à une oisiveté à laquelle une fortune médiocre soustrait nécessairement les autres hommes.

De l'association des idées de bonheur et de richesse dans notre mémoire; que cette association est un effet de l'éducation.

Qu'une éducation différente produiroit l'effet contraire.

Qu'alors, sans être également riches et puissants, les citoyens seroient et pourroient même se croire également heureux

PRÉFACE

DE L'ESPRIT.

L'objet que je me propose d'examiner dans cet ouvrage est intéressant; il est même neuf. L'on n'a, jusqu'à présent, considéré l'esprit que sous quelques unes de ses faces. Les grands écrivains n'ont jeté qu'un coup-d'œil rapide sur cette matiere; et c'est ce qui m'enhardit à la traiter.

La connoissance de l'esprit, lorsqu'on prend ce mot dans toute son étendue, est si étroitement liée à la connoissance du cœur et des passions de l'homme, qu'il étoit impossible d'écrire sur ce sujet sans avoir du moins à parler de cette partie de la morale commune aux hommes de toutes les nations, et qui ne peut avoir, dans tous les gouvernements, que le bien public pour objet.

Les principes que j'établis sur cette matière sont, je pense, conformes à l'intérêt général et à l'expérience. C'est par les faits que j'ai remonté aux causes. J'ai cru qu'on devoit traiter la morale comme toutes les autres sciences, et faire une morale comme une physique expérimentale. Je ne me suis livré à cette idée que par la persuasion où je suis que toute morale dont les principes sont utiles au public est nécessairement conforme à la morale de la religion, qui n'est que la perfection de la morale humaine. Au reste, si je m'étois trompé, et si, contre mon attente, quelques uns de mes principes n'étoient pas conformes à l'intérêt général, ce seroit une erreur de mon esprit, et non pas de mon cœur; et je déclare d'avance que je les désavoue.

Je ne demande qu'une grace à mon lecteur, c'est de m'entendre avant que de me condamner; c'est de suivre l'enchaînement qui lie ensemble toutes mes idées; d'être mon juge, et non ma partie. Cette demande n'est pas l'effet d'une sotte confiance; j'ai trop souvent trouvé mauvais le soir ce que j'avois cru bon le matin, pour avoir une haute opinion de mes lumieres.

Peut-être ai-je traité un sujet au-dessus de mes forces : mais quel homme se connoît assez lui-même pour n'en pas trop présumer? Je n'aurai pas du moins à me reprocher de n'avoir pas fait tous mes efforts pour mériter l'approbation du public. Si je ne l'obtiens pas, je serai plus affligé que surpris : il ne suffit point, en ce genre, de desirer pour obtenir.

Dans tout ce que j'ai dit je n'ai cherché que le vrai, non

pas uniquement pour l'honneur de le dire, mais parceque le vrai est utile aux hommes. Si je m'en suis écarté, je trouverai dans mes erreurs mêmes des motifs de consolation. *Si les hommes*, comme le dit M. de Fontenelle, *ne peuvent, en quelque genre que ce soit, arriver à quelque chose de raisonnable, qu'après avoir, en ce même genre, épuisé toutes les sottises imaginables*, mes erreurs pourront donc être utiles à mes concitoyens ; j'aurai marqué l'écueil par mon naufrage. *Que de sottises*, ajoute M. de Fontenelle, *ne dirions-nous pas maintenant, si les anciens ne les avoient pas déja dites avant nous, et ne nous les avoient, pour ainsi dire, enlevées !*

Je le répete donc ; je ne garantis de mon ouvrage que la pureté et la droiture des intentions. Cependant, quelque assuré qu'on soit de ses intentions, les cris de l'envie sont si favorablement écoutés, et ses fréquentes déclamations sont si propres à séduire des ames plus honnêtes qu'éclairées, qu'on n'écrit, pour ainsi dire, qu'en tremblant. Le découragement dans lequel des imputations souvent calomnieuses ont jeté les hommes de génie semble déja présager le retour des siécles d'ignorance. Ce n'est, en

tout genre, que dans la médio-
crité de ses talents qu'on trouve
un asyle contre les poursuites
des envieux. La médiocrité de-
vient maintenant une protec-
tion; et cette protection, je me
la suis vraisemblablement mé-
nagée malgré moi.

D'ailleurs, je crois que l'en-
vie pourroit difficilement m'im-
puter le desir de blesser aucun
de mes concitoyens. Le genre
de cet ouvrage, où je ne consi-
dere aucun homme en particu-
lier, mais les hommes et les na-
tions en général, doit me mettre
à l'abri de tout soupçon de ma-
lignité. J'ajouterai même qu'en
lisant ces discours on s'apper-
cevra que j'aime les hommes,

que je desire leur bonheur,
sans haïr ni mépriser aucun
d'eux en particulier.

Quelques unes de mes idées
paroîtront peut-être hasardées.
Si le lecteur les juge fausses,
je le prie de se rappeler, en les
condamnant, que ce n'est qu'à
la hardiesse des tentatives qu'on
doit souvent la découverte des
plus grandes vérités, et que la
crainte d'avancer une erreur ne
doit point nous détourner de la
recherche de la vérité. En vain
des hommes vils et lâches vou-
droient la proscrire, et lui don-
ner quelquefois le nom odieux
de licence ; en vain répetent-ils
que les vérités sont souvent dan-
gereuses : en supposant qu'elles

le fussent quelquefois, à quel plus grand danger encore ne seroit pas exposée la nation qui consentiroit à croupir dans l'ignorance ! Toute nation sans lumieres, lorsqu'elle cesse d'être sauvage et féroce, est une nation avilie, et tôt ou tard subjuguée. Ce fut moins la valeur que la science militaire des Romains qui triompha des Gaules.

Si la connoissance d'une telle vérité peut avoir quelques inconvénients dans un tel instant, cet instant passé, cette même vérité redevient utile à tous les siécles et à toutes les nations.

Tel est enfin le sort des choses humaines ; il n'en est aucune qui ne puisse devenir dange-

reuse dans de certains mo-
ments : mais ce n'est qu'à cette
condition qu'on en jouit. Mal-
heur à qui voudroit, par ce
motif, en priver l'humanité !

Au moment même qu'on in-
terdiroit la connoissance de cer-
taines vérités, il ne seroit plus
permis d'en dire aucune. Mille
gens puissants, et souvent même
mal intentionnés, sous prétexte
qu'il est quelquefois sage de
taire la vérité, la banniroient
entièrement de l'univers. Aussi
le public éclairé, qui seul en
connoît tout le prix, la demande
sans cesse : il ne craint point
de s'exposer à des maux incer-
tains, pour jouir des avantages
réels qu'elle procure. Entre les

qualités des hommes , celle qu'il estime le plus est cette éléva-tion d'ame qui se refuse au men-songe. Il sait combien il est utile de tout penser et de tout dire ; et que les erreurs mêmes cessent d'être dangereuses lors-qu'il est permis de les contre-dire. Alors elles sont bientôt reconnues pour erreurs; elles se déposent bientôt d'elles-mêmes dans les abymes de l'oubli ; et les vérités seules surnagent sur la vaste étendue des siécles.

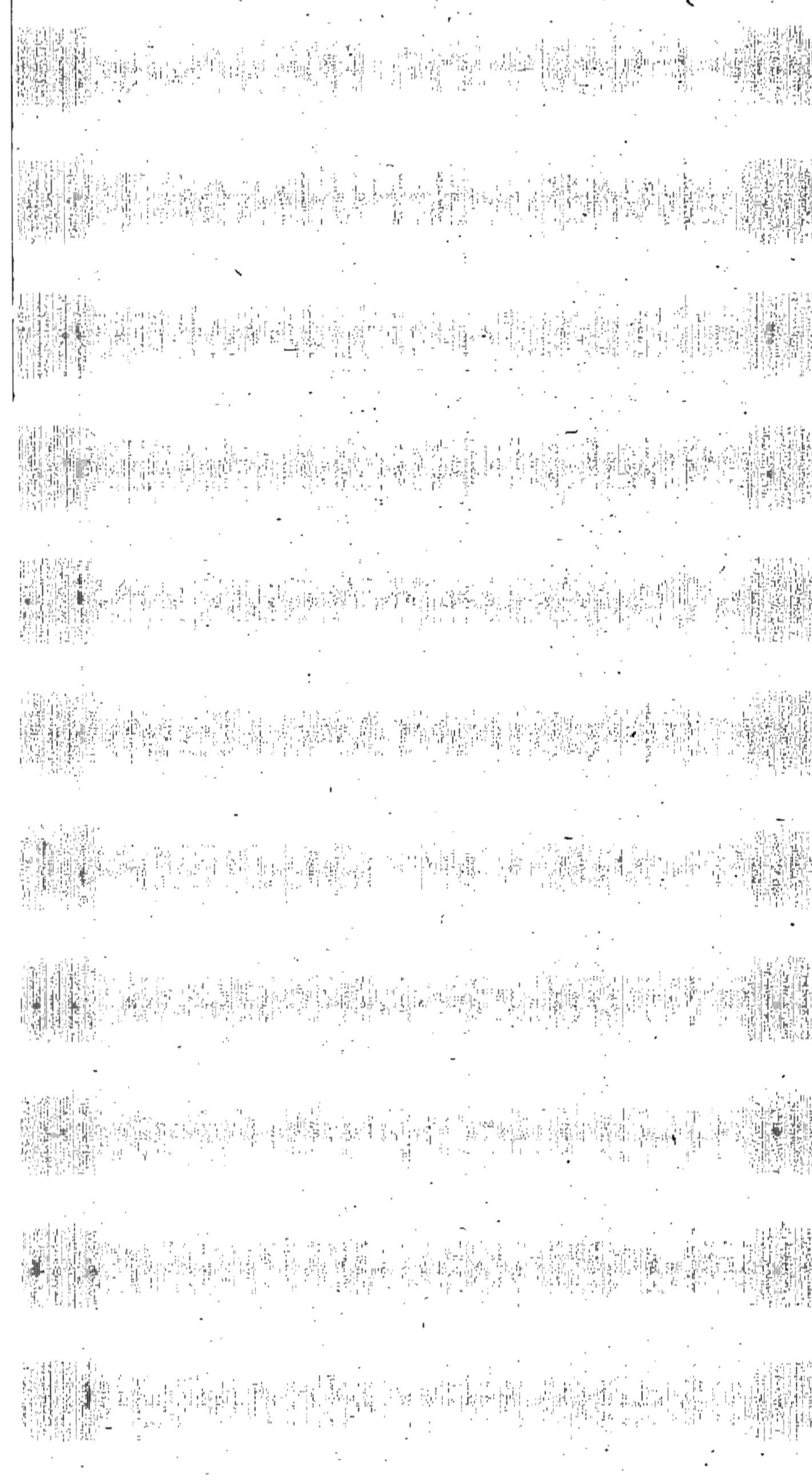

DE L'ESPRIT.

..... Unde animi constet natura videndum,
Qua fiant ratione, et qua vi quæque gerantur
In terris.

LUCRET. De rerum natura, l. 1.

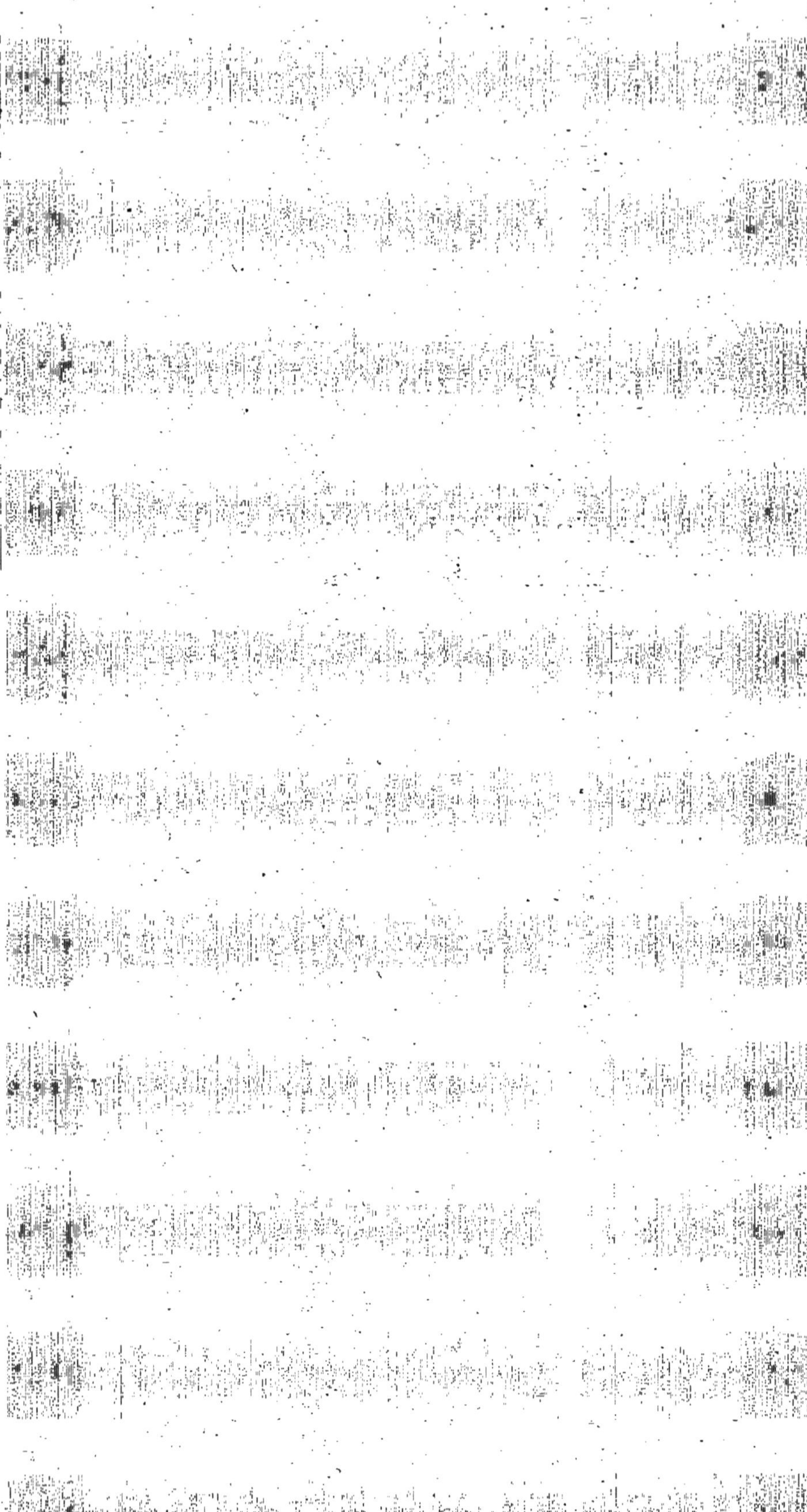

DE L'ESPRIT.

DISCOURS PREMIER.

De l'Esprit en lui-même.

CHAPITRE I.

On dispute tous les jours sur ce qu'on doit appeler *Esprit :* chacun dit son mot; personne n'attache les mêmes idées à ce mot, et tout le monde parle sans s'entendre.

Pour pouvoir donner une idée juste et précise de ce mot *Esprit*, et des différentes acceptions dans lesquelles on le prend, il faut d'abord considérer l'esprit en lui-même.

Ou l'on regarde l'esprit comme l'effet de la faculté de penser (et l'esprit n'est, en ce sens, que l'assemblage des pensées d'un homme), ou on le considère comme la faculté même de penser.

Pour savoir ce que c'est que l'esprit pris dans cette derniere signification, il faut connoître quelles sont les causes productrices de nos idées.

Nous avons en nous deux facultés, ou, si je l'ose dire, deux puissances passives, dont l'existence est généralement et distinctement reconnue.

L'une est la faculté de recevoir les impressions différentes que font sur nous les objets extérieurs : on la nomme *sensibilité physique*.

L'autre est la faculté de conserver l'impression que ces objets ont faite sur nous : on l'appelle *mémoire*; et la mémoire n'est autre chose qu'une sensation continuée, mais affoiblie.

Ces facultés, que je regarde comme les causes productrices de nos pensées, et qui nous sont communes avec les animaux, ne nous fourniroient cependant qu'un très petit nombre d'idées, si elles n'étoient jointes en nous à une certaine organisation extérieure.

Si la nature, au lieu de mains et de doigts flexibles, eût terminé nos poignets par un pied de cheval, qui doute que les hommes, sans arts, sans habitations, sans défense contre les animaux, tout occupés du soin de pourvoir à leur nourriture et d'éviter les bêtes féroces, ne fussent encore errants dans les forêts comme des troupeaux fugitifs (1)?

(1) On a beaucoup écrit sur l'ame des bêtes; on leur a tour-à-tour ôté et rendu la faculté de penser; et peut-être n'a-t-on pas assez scrupuleusement cherché, dans

Or, dans cette supposition, il est évident que la police n'eût, dans au-

la différence du physique de l'homme et de l'animal, la cause de l'infériorité de ce qu'on appelle l'ame des animaux.

1° Toutes les pattes des animaux sont terminées ou par de la corne, comme dans le bœuf et le cerf, ou par des ongles, comme dans le chien et le loup, ou par des griffes, comme dans le lion et le chat. Or, cette différence d'organisation entre nos mains et les pattes des animaux les prive non seulement, comme le dit M. de Buffon, presque en entier du sens du tact, mais encore de l'adresse nécessaire pour manier aucun outil et pour faire aucune des découvertes qui supposent des mains.

2° La vie des animaux, en général plus courte que la nôtre, ne leur permet ni de faire autant d'observations, ni par conséquent d'avoir autant d'idées que l'homme.

3° Les animaux, mieux armés, mieux

cune société, été portée au degré de
perfection où maintenant elle est par-

vêtus que nous par la nature, ont moins
de besoins, et doivent par conséquent
avoir moins d'invention. Si les animaux
voraces ont en général plus d'esprit que
les autres animaux, c'est que la faim,
toujours inventive, a dû leur faire imagi-
ner des ruses pour surprendre leur proie.

4° Les animaux ne forment qu'une
société fugitive devant l'homme, qui,
par le secours des armes qu'il s'est for-
gées, s'est rendu redoutable au plus fort
d'entre eux.

L'homme est d'ailleurs l'animal le plus
multiplié sur la terre : il naît, il vit dans
tous les climats, lorsqu'une partie des
autres animaux, tels que les lions, les
éléphants et les rhinocéros, ne se trouve
que sous certaine latitude.

Or, plus l'espece d'un animal suscep-
tible d'observation est multipliée, plus
cette espece d'animal a d'idées et d'esprit.

Mais, dira-t-on, pourquoi les singes,

venue. Il n'est aucune nation qui, en

dont les pattes sont à-peu-près aussi adroi-
tes que nos mains, ne font-ils pas des
progrès égaux aux progrès de l'homme ?
C'est qu'ils lui restent inférieurs à beau-
coup d'égards ; c'est que les hommes sont
plus multipliés sur la terre ; c'est que
parmi les différentes especes de singes il
en est peu dont la force soit comparable
à celle de l'homme ; c'est que les singes
sont frugivores, qu'ils ont moins de be-
soins, et par conséquent moins d'inven-
tion que les hommes ; c'est que d'ailleurs
leur vie est plus courte, qu'ils ne forment
qu'une société fugitive devant les hommes
et les animaux, tels que les tigres , les
lions, etc.; c'est qu'enfin la disposition
organique de leurs corps les tenant,
comme les enfants, dans un mouvement
perpétuel, même après que leurs besoins
sont satisfaits, les singes ne sont pas
susceptibles de l'*ennui*, qu'on doit regar-
der, ainsi que je le prouverai dans le troi-
sieme discours, comme un des principes

fait d'esprit, ne fût restée fort infé-

de la perfectibilité de l'esprit humain.

C'est en combinant toutes ces diffé-
rences dans le physique de l'homme et
de la bête qu'on peut expliquer pourquoi
la sensibilité et la mémoire, facultés com-
munes aux hommes et aux animaux, ne
sont, pour ainsi dire, dans ces derniers
que des facultés stériles.

Peut-être m'objectera-t-on que Dieu,
sans injustice, ne peut avoir soumis à la
douleur et à la mort des créatures inno-
centes, et qu'ainsi les bêtes ne sont que
de pures machines : je répondrai à cette
objection que l'écriture et l'église n'ayant
dit nulle part que les animaux fussent de
pures machines, nous pouvons fort bien
ignorer les motifs de la conduite de Dieu
envers les animaux, et supposer ces mo-
tifs justes. Il n'est pas nécessaire d'avoir
recours au bon mot du P. Malebranche,
qui, lorsqu'on lui soutenoit que les ani-
maux étoient sensibles à la douleur, ré-
pondoit en plaisantant qu'*apparemment
ils avoient mangé du foin défendu*

rieure à certaines nations sauvages qui n'ont pas deux cents idées (1), deux cents mots pour exprimer leurs idées, et dont la langue, par conséquent, ne fût réduite, comme celle des animaux, à cinq ou six sons ou cris (2), si l'on retranchoit de cette même langue les mots d'*arcs*, de *flé-*

(1) Les idées des nombres, si simples, si faciles à acquérir, et vers lesquelles le besoin nous porte sans cesse, sont si prodigieusement bornées dans certaines nations, qu'on en trouve qui ne peuvent compter que jusqu'à trois, et qui n'expriment les nombres qui vont au-delà de trois que par le mot *beaucoup*.

(2) Tels sont les peuples que Dampierre trouva dans une île qui ne produisoit ni arbre, ni arbuste, et qui, vivant du poisson que les flots de la mer jetoient dans les petites baies de l'île, n'avoient d'autre langue qu'un gloussement semblable à celui du coq-d'Inde.

ches, de *filets*, etc., qui supposent l'usage de nos mains. D'où je conclus que, sans une certaine organisation extérieure, la sensibilité et la mémoire ne seroient en nous que des facultés stériles.

Maintenant il faut examiner si, par le secours de cette organisation, ces deux facultés ont réellement produit toutes nos pensées.

Avant d'entrer à ce sujet dans aucun examen, peut-être me demandera-t-on si ces deux facultés sont des modifications d'une substance spirituelle ou matérielle. Cette question, autrefois agitée par les philosophes (1),

(1) Quelque stoïcien décidé que fût Sénèque, il n'étoit pas trop assuré de la spiritualité de l'ame. « Votre lettre, écrit-il à un « de ses amis, est arrivée mal-à-propos. « Lorsque je l'ai reçue, je me promenois « délicieusement dans le palais de l'espé-

débattue entre les anciens peres (z),
et renouvelée de nos jours, n'entre

« rance ; je m'y assurois de l'immortalité
« de mon ame. Mon imagination, dou-
« cement échauffée par les discours de
« quelques grands hommes, ne doutoit
« déja plus de cette immortalité qu'ils
« promettent plus qu'ils ne la prouvent ;
« déja je commençois à me déplaire à
« moi-même ; je méprisois les restes d'une
« vie malheureuse ; je m'ouvrois avec dé-
« lices les portes de l'éternité : votre lettre
« arrive ; je me réveille ; et, d'un songe
« si amusant, il me reste le regret de le
« reconnoître pour un songe. »

Une preuve, dit M. Deslandes dans son
Histoire critique de la philosophie,
qu'autrefois on ne croyoit ni à l'immor-
talité ni à l'immatérialité de l'ame, c'est
que, du temps de Néron, l'on se plaignoit
à Rome que la doctrine de l'autre monde,
nouvellement introduite, énervoit le cou-
rage des soldats, les rendoit plus timides,
ôtoit la principale consolation des mal-

pas nécessairement dans le plan de mon ouvrage. Ce que j'ai à dire de heureux, et doubloit enfin la mort, en menaçant de nouvelles souffrances après cette vie.

(2) S. Irénée avançoit que l'ame étoit un souffle : *flatus est enim vita.* Voyez la *Théologie païenne.* Tertullien, dans son *Traité de l'ame*, prouve qu'elle est corporelle. *Tertull. de anima, cap. 7, pag.* 268. S. Ambroise enseigne qu'il n'y a que la très sainte Trinité exempte de composition matérielle. *Ambr. de Abrahamo.* S. Hilaire prétend que tout ce qui est créé est corporel. *Hilar. in Matth., pag.* 633. Au second concile de Nicée on croyoit encore les anges corporels; aussi y lit-on sans scandale ces paroles de Jean de Thessalonique : *Pingendi angeli, quia corporei.* S. Justin et Origène croyoient l'ame matérielle; ils regardoient son immortalité comme une pure faveur de Dieu; ils ajoutoient qu'au bout d'un certain temps les ames des méchants

l'esprit s'accorde également bien avec l'une et l'autre de ces hypotheses. J'observerai seulement à ce sujet que si l'église n'eût pas fixé notre croyance sur ce point, et qu'on dût, par les seules lumieres de la raison, s'élever jusqu'à la connoissance du principe pensant, on ne pourroit s'empêcher de convenir que nulle opinion en ce genre n'est susceptible de démonstration ; qu'on doit peser les raisons pour et contre, balancer les difficultés, se déterminer en faveur du plus grand nombre de vraisemblances, et par conséquent ne porter que des jugements provisoires. Il en seroit de ce problême comme d'une infinité d'autres, qu'on ne peut ré-

seroient anéanties : *Dieu, disoient-ils, qui de sa nature est porté à la clémence, se lassera de les punir, et retirera son bienfait.*

soudre qu'à l'aide du calcul des pro-
babilités (1). Je ne m'arrête donc

(1) Il seroit impossible de s'en tenir à
l'axiome de Descartes, et de n'acquiescer
qu'à l'évidence. Si l'on répete tous les
jours cet axiome dans les écoles, c'est
qu'il n'y est pas pleinement entendu ;
c'est que Descartes n'ayant point mis, si
je peux m'exprimer ainsi, d'enseigne à
l'hôtellerie de l'évidence, chacun se croit
en droit d'y loger son opinion. Quiconque
ne se rendroit réellement qu'à l'évidence
ne seroit guere assuré que de sa propre
existence. Comment le seroit-il, par
exemple, de celle des corps? Dieu, par
sa toute-puissance, ne peut-il pas faire
sur nos sens les mêmes impressions qu'y
exciteroit la présence des objets? Or, si
Dieu le peut, comment assurer qu'il ne
fasse pas à cet égard usage de son pou-
voir, et que tout l'univers ne soit un pur
phénomene? D'ailleurs, si dans les rêves
nous sommes affectés des mêmes sensa-
tions que nous éprouverions à la présence

pas davantage à cette question ; je viens à mon sujet, et je dis que la sensibilité physique et la mémoire,

des objets ; comment prouver que notre vie n'est pas un long rêve ?

Non que je prétende nier l'existence des corps, mais seulement montrer que nous en sommes moins assurés que de notre propre existence. Or, comme la vérité est un point indivisible, qu'on ne peut pas dire d'une vérité *qu'elle est plus ou moins vraie*, il est évident que, si nous sommes plus certains de notre propre existence que de celle des corps, l'existence des corps n'est par conséquent qu'une probabilité ; probabilité qui sans doute est très grande, et qui, dans la conduite, équivaut à l'évidence, mais qui n'est cependant qu'une probabilité. Or, si presque toutes nos vérités se réduisent à des probabilités, quelle reconnoissance ne devroit-on pas à l'homme de génie qui se chargeroit de construire des tables physiques, métaphysiques, morales et ou, pour parler plus exactement, que la sensibilité seule produit toutes nos idées. En effet la mémoire ne peut

politiques, où seroient marqués avec précision tous les divers degrés de probabilité, et par conséquent de croyance, qu'on doit assigner à chaque opinion !

L'existence des corps, par exemple, seroit placée dans les tables physiques comme le premier degré de certitude ; on y détermineroit ensuite ce qu'il y a à parier que le soleil se lèvera demain, qu'il se lèvera dans dix, dans vingt ans, etc. Dans les tables morales ou politiques, on y placeroit pareillement, comme premier degré de certitude, l'existence de Rome ou de Londres, puis celle des héros, tels que César ou Guillaume le conquérant ; on descendroit ainsi, par l'échelle des probabilités, jusqu'aux faits les moins certains, et enfin jusqu'aux prétendus miracles de Mahomet, jusqu'à ces prodiges attestés par tant d'Arabes, et dont la fausseté cependant est encore très être qu'un des organes de la sensibilité physique : le principe qui sent en nous doit être nécessairement le prin- probable ici-bas, où les menteurs sont si communs, et les prodiges si rares.

Alors les hommes, qui le plus souvent ne different de sentiment que par l'im-possibilité où ils sont de trouver des signes propres à exprimer les divers de-grés de croyance qu'ils attachent à leur opinion, se communiqueroient plus faci-lement leurs idées, puisqu'ils pourroient, pour m'exprimer ainsi, toujours rappor-ter leurs opinions à quelques uns des nu-méro de ces tables de probabilités.

Comme la marche de l'esprit est tou-jours lente, et les découvertes dans les sciences presque toujours éloignées les unes des autres, on sent que les tables de probabilités une fois construites, on n'y feroit que des changemens légers et suc-cessifs, qui consisteroient, conséquem-ment à cette découverte, à augmenter ou diminuer la probabilité de certaines procipe qui se ressouvient, puisque *se ressouvenir*, comme je vais le prouver, n'est proprement que *sentir*.

positions que nous appelons vérités, et qui ne sont que des probabilités plus ou moins accumulées. Par ce moyen l'état de doute, toujours insupportable à l'orgueil de la plupart des hommes, seroit plus facile à soutenir; alors les doutes cesseroient d'être vagues: soumis au calcul, et par conséquent appréciables, ils se convertiroient en propositions affirmatives; alors la secte de Carnéade, regardée autrefois comme la philosophie par excellence, puisqu'on lui donnoit le nom d'*élective*, seroit purgée de ces légers défauts que la querelleuse ignorance a reprochés avec trop d'aigreur à cette philosophie, dont les dogmes étoient également propres à éclairer les esprits et à adoucir les mœurs.

Si cette secte, conformément à ses principes, n'admettoit point de vérités, elle admettoit du moins des apparences,

Lorsque, par une suite de mes idées,
ou par l'ébranlement que certains sons
causent dans l'organe de mon oreille,
je me rappelle l'image d'un chêne,
alors mes organes intérieurs doivent

vouloit qu'on réglât sa vie sur ces appa-
rences, qu'on agît lorsqu'il paroissoit
plus convenable d'agir que d'examiner,
qu'on délibérât mûrement lorsqu'on avoit
le temps de délibérer, qu'on se décidât
par conséquent plus sûrement, et que
dans son ame on laissât toujours aux vé-
rités nouvelles une entrée que leur fer-
ment les dogmatiques. Elle vouloit de
plus qu'on fût moins persuadé de ses opi-
nions, plus lent à condamner celles d'au-
trui, par conséquent plus sociable; enfin
que l'habitude du doute, en nous ren-
dant moins sensibles à la contradiction,
étouffât un des plus féconds germes de
haine entre les hommes. Il ne s'agit point
ici des vérités révélées, qui sont des véri-
tés d'un autre ordre.

nécessairement se trouver à-peu-près dans la même situation où ils étoient à la vue de ce chêne. Or cette situation des organes doit incontestablement produire une sensation : il est donc évident que se ressouvenir c'est sentir.

Ce principe posé, je dis encore que c'est dans la capacité que nous avons d'appercevoir les ressemblances ou les différences, les convenances ou les disconvenances, qu'ont entre eux les objets divers, que consistent toutes les opérations de l'esprit. Or cette capacité n'est que la sensibilité physique même : tout se réduit donc à sentir.

Pour nous assurer de cette vérité, considérons la nature. Elle nous présente des objets ; ces objets ont des rapports avec nous, et des rapports entre eux ; la connoissance de ces rapports forme ce qu'on appelle l'*Es-*

prit: il est plus ou moins grand,
selon que nos connoissances en ce
genre sont plus ou moins étendues.
L'esprit humain s'élève jusqu'à la
connoissance de ces rapports ; mais
ce sont des bornes qu'il ne franchit
jamais. Aussi tous les mots qui com-
posent les diverses langues, et qu'on
peut regarder comme la collection
des signes de toutes les pensées des
hommes, nous rappellent, ou des
images, tels sont les mots *chêne,
océan, soleil;* ou désignent des
idées, c'est-à-dire les divers rapports
que les objets ont entre eux, et qui
sont, ou simples, comme les mots
grandeur, petitesse; ou composés,
comme *vice, vertu;* ou ils expri-
ment enfin les rapports divers que
les objets ont avec nous, c'est-à-
dire notre action sur eux, comme
dans ces mots, *je brise, je creuse.*

je souleve; ou leur impression sur nous, comme dans ceux-ci, *je suis blessé, ébloui, épouvanté.*

Si j'ai resserré ci-dessus la signification de ce mot *idée,* qu'on prend dans des acceptions très différentes, puisqu'on dit également l'*idée d'un arbre* et l'*idée de vertu,* c'est que la signification indéterminée de cette expression peut faire quelquefois tomber dans les erreurs qu'occasionne toujours l'abus des mots.

La conclusion de ce que je viens de dire, c'est que, si tous les mots des diverses langues ne désignent jamais que des objets, ou les rapports de ces objets avec nous et entre eux, tout l'esprit par conséquent consiste à comparer et nos sensations et nos idées, c'est-à-dire à voir les ressemblances et les différences, les convenances et les disconvenances, qu'elles

18.

ont entre elles. Or, comme le jugement n'est que cette appercevance elle-même, ou du moins que le prononcé de cette appercevance, il s'ensuit que toutes les opérations de l'esprit se réduisent à juger.

La question renfermée dans ces bornes, j'examinerai maintenant si *juger* n'est pas *sentir*. Quand je juge la grandeur ou la couleur des objets qu'on me présente, il est évident que le jugement porté sur les différentes impressions que ces objets ont faites sur mes sens n'est proprement qu'une sensation, que je puis dire également : Je juge ou je sens que, de deux objets, l'un, que j'appelle *toise*, fait sur moi une impression différente de celui que j'appelle *pied* ; que la couleur que je nomme *rouge* agit sur mes yeux différemment de celle que je nomme *jaune* : et j'en conclus qu'en pareil cas, *juger* n'est jamais que *sentir*. Mais, dira-t-on, supposons qu'on veuille savoir si la force est préférable à la grandeur du corps, peut-on assurer qu'alors juger soit sentir ? Oui, répondrai-je : car, pour porter un jugement sur ce sujet, ma mémoire doit me tracer successivement les tableaux des situations différentes où je puis me trouver le plus communément dans le cours de ma vie. Or juger, c'est voir dans ces divers tableaux que la force me sera plus souvent utile que la grandeur du corps. Mais, répliquera-t-on, lorsqu'il s'agit de juger si dans un roi la justice est préférable à la bonté, peut-on imaginer qu'un jugement ne soit alors qu'une sensation ?

Cette opinion sans doute a d'abord l'air d'un paradoxe : cependant, pour en prouver la vérité, supposons dans un homme la connoissance de ce qu'on appelle le bien et le mal , et que cet homme sache encore qu'une action est plus ou moins mauvaise , selon qu'elle nuit plus ou moins au bonheur de la société. Dans cette supposition, quel art doit employer le poëte ou l'orateur pour faire plus vivement appercevoir que la justice, préférable dans un roi à la bonté , conserve à l'état plus de citoyens ?

L'orateur présentera trois tableaux à l'imagination de ce même homme : dans l'un, il lui peindra le roi juste , qui condamne et fait exécuter un criminel ; dans le second, le roi bon qui fait ouvrir le cachot de ce même criminel, et lui détache ses fers ; dans le troisieme, il représentera ce même criminel qui, s'armant de son poignard au sortir de son cachot, court massacrer cinquante citoyens. Or quel homme, à la vue de ces trois tableaux,

ne sentira pas que la justice, qui, par
la mort d'un seul, prévient la mort de
cinquante hommes, est, dans un roi,
préférable à la bonté? Cependant ce
jugement n'est réellement qu'une sen-
sation. En effet, si, par l'habitude d'u-
nir certaines idées à certains mots, on
peut, comme l'expérience le prouve,
en frappant l'oreille de certains sons,
exciter en nous à-peu-près les mêmes
sensations qu'on éprouveroit à la pré-
sence même des objets; il est évident
qu'à l'exposé de ces trois tableaux, ju-
ger que, dans un roi, la justice est
préférable à la bonté, c'est sentir et
voir que, dans le premier tableau, on
n'immole qu'un citoyen, et que, dans
le troisieme, on en massacre cin-
quante : d'où je conclus que tout ju-
gement n'est qu'une sensation.

Mais, dira-t-on, faudra-t-il mettre
encore au rang des sensations les

jugements portés, par exemple, sur l'excellence plus ou moins grande de certaines méthodes, telles que la méthode propre à placer beaucoup d'objets dans notre mémoire, ou la méthode des abstractions, ou celle de l'analyse ?

Pour répondre à cette objection, il faut d'abord déterminer la signification de ce mot *méthode*. Une méthode n'est autre chose que le moyen dont on se sert pour parvenir au but qu'on se propose. Supposons qu'un homme ait dessein de placer certains objets ou certaines idées dans sa mémoire, et que le hasard les y ait rangés de maniere que le ressouvenir d'un fait ou d'une idée lui ait rappelé le souvenir d'une infinité d'autres faits ou d'autres idées, et qu'il ait ainsi gravé plus facilement et plus profondément certains objets dans sa mémoire :

alors, juger que cet ordre est le meilleur, et lui donner le nom de *méthode*, c'est dire qu'on a fait moins d'efforts d'attention, qu'on a éprouvé une sensation moins pénible, en étudiant dans cet ordre que dans tout autre : or, se ressouvenir d'une sensation pénible, c'est sentir. Il est donc évident que, dans ce cas, *juger* est *sentir*.

Supposons encore que, pour prouver la vérité de certaines propositions de géométrie, et pour les faire plus facilement concevoir à ses disciples, un géometre se soit avisé de leur faire considérer les lignes indépendamment de leur largeur et de leur épaisseur ; alors, juger que ce moyen ou cette méthode d'abstraction est la plus propre à faciliter à ses éleves l'intelligence de certaines propositions de géométrie, c'est dire qu'ils font moins d'efforts d'attention, et qu'ils éprouvent une sensation moins pénible en se servant de cette méthode que d'une autre.

Supposons, pour dernier exemple, que, par un examen séparé de chacune des vérités que renferme une proposition compliquée, on soit plus facilement parvenu à l'intelligence de cette proposition; juger alors que le moyen ou la méthode de l'analyse est la meilleure, c'est pareillement dire qu'on a fait moins d'efforts d'attention, et qu'on a par conséquent éprouvé une sensation moins pénible lorsqu'on a considéré en particulier chacune des vérités renfermées dans cette proposition compliquée, que lorsqu'on les a voulu saisir toutes à la fois.

Il résulte de ce que j'ai dit, que les jugements portés sur les moyens ou les méthodes que le hasard nous présente pour parvenir à un certain but, ne sont proprement que des sensations, et que, dans l'homme, tout se réduit à sentir.

Mais, dira-t-on, comment jusqu'à ce jour a-t-on supposé en nous une faculté de juger distincte de la faculté de sentir ? On ne doit cette supposition, répondrai-je, qu'à l'impossibilité où l'on s'est cru jusqu'à présent d'expliquer d'aucune autre maniere certaines erreurs de l'esprit.

Pour lever cette difficulté, je vais, dans les chapitres suivants, montrer que tous nos faux jugements et nos erreurs se rapportent à deux causes qui ne supposent en nous que la faculté de sentir ; qu'il seroit par conséquent inutile, et même absurde, d'admettre en nous une faculté de juger qui n'expliqueroit rien qu'on ne puisse expliquer sans elle. J'entre donc en matiere, et je dis qu'il n'est point de faux jugement qui ne soit un effet ou de nos passions ou de notre ignorance.

CHAPITRE II.

Des erreurs occasionnées par nos passions.

LES passions nous induisent en erreur, parcequ'elles fixent toute notre attention sur un côté de l'objet qu'elles nous présentent, et qu'elles ne nous permettent point de le considérer sous toutes ses faces. Un roi est jaloux du titre de conquérant : La victoire, dit-il, m'appelle au bout de la terre; je combattrai, je vaincrai, je briserai l'orgueil de mes ennemis, je chargerai leurs mains de fers; et la terreur de mon nom, comme un rempart impénétrable, défendra l'entrée de mon empire. Enivré de cet espoir, il oublie que la fortune est inconstante, que le fardeau de la misere est presque également supporté par le vainqueur et par le vaincu ; il ne sent point que le bien de ses sujets ne sert que de prétexte à sa fureur guerriere, et que c'est l'orgueil qui forge ses armes et déploie ses étendards : toute son attention est fixée sur le char et la pompe du triomphe.

Non moins puissante que l'orgueil, la crainte produira les mêmes effets : on la verra créer des spectres, les répandre autour des tombeaux ; et, dans l'obscurité des bois, les offrir aux regards du voyageur effrayé, s'emparer de toutes les facultés de son ame, et n'en laisser aucune de libre pour considérer l'absurdité des motifs d'une terreur si vaine.

Non seulement les passions ne nous laissent considérer que certaines faces des objets qu'elles nous présentent, mais elles nous trompent encore en nous montrant souvent ces mêmes objets où ils n'existent pas. On sait le conte d'un curé et d'une dame galante. Ils avoient ouï dire que la lune étoit habitée, ils le croyoient, et, le télescope en main, tous deux tâchoient d'en reconnoître les habitants. « Si je ne « me trompe, dit d'abord la dame, « j'apperçois deux ombres; elles s'in- « clinent l'une vers l'autre : je n'en « doute point, ce sont deux amants « heureux. . . . » — « Eh ! fi donc, « madame, reprend le curé, ces deux « ombres que vous voyez sont deux « clochers d'une cathédrale » Ce conte est notre histoire; nous n'apperce- vons le plus souvent dans les choses que ce que nous desirons y trouver :

sur la terre, comme dans la lune, des passions différentes nous y feront toujours voir ou des amants ou des clochers. L'illusion est un effet nécessaire des passions, dont la force se mesure presque toujours par le degré d'aveuglement où elles nous plongent. C'est ce qu'avoit très bien senti je ne sais quelle femme qui, surprise par son amant entre les bras de son rival, osa lui nier le fait dont il étoit témoin : « Quoi! lui dit-il, vous poussez à ce « point l'impudence!....»—«Ah ! « perfide, s'écria-t-elle, je le vois, tu « ne m'aimes plus; tu crois plus ce « que tu vois que ce que je te dis ». Ce mot n'est pas seulement applicable à la passion de l'amour, mais à toutes les passions. Toutes nous frappent du plus profond aveuglement. Qu'on transporte ce même mot à des sujets plus relevés; qu'on ouvre le temple

de Memphis : en présentant le bœuf
Apis aux Égyptiens craintifs et proster-
nés, le prêtre s'écrie : «Peuples, sous
« cette métamorphose, reconnoissez
« la divinité de l'Égypte ; que l'univers
« entier l'adore ; que l'impie qui rai-
« sonne et qui doute, exécration de
« la terre, vil rebut des humains, soit
« frappé du feu céleste. Qui que tu
« sois, tu ne crains point les dieux,
« mortel superbe qui dans Apis n'ap-
« perçois qu'un bœuf, et qui crois plus
« ce que tu vois que ce que je te dis».
Tels étoient sans doute les discours
des prêtres de Memphis, qui devoient
se persuader, comme la femme déja
citée, qu'on cessoit d'être animé d'une
passion forte au moment même qu'on
cessoit d'être aveugle. Comment ne
l'eussent-ils pas cru? On voit tous les
jours de bien plus foibles intérêts pro-
duire sur nous de semblables effets.

Lorsque l'ambition, par exemple, met les armes à la main à deux nations puissantes, et que les citoyens inquiets se demandent les uns aux autres des nouvelles; d'une part, quelle facilité à croire les bonnes! de l'autre, quelle incrédulité sur les mauvaises! Combien de fois une trop sotte confiance en des moines ignorants n'a-t-elle pas fait nier à des chrétiens la possibilité des antipodes? Il n'est point de siecle qui, par quelque affirmation ou quelque négation ridicule, n'apprête à rire au siecle suivant. Une folie passée éclaire rarement les hommes sur leur folie présente.

Au reste, ces mêmes passions, qu'on doit regarder comme le germe d'une infinité d'erreurs, sont aussi la source de nos lumieres. Si elles nous égarent, elles seules nous donnent la force nécessaire pour marcher; elles seules peuvent nous arracher à cette inertie et à cette paresse toujours prêtes à saisir toutes les facultés de notre ame.

Mais ce n'est pas ici le lieu d'examiner la vérité de cette proposition. Je passe maintenant à la seconde cause de nos erreurs.

CHAPITRE III.

De l'Ignorance.

Nous nous trompons, lorsqu'entraînés par une passion, et fixant toute notre attention sur un des côtés d'un objet, nous voulons, par ce seul côté, juger de l'objet entier. Nous nous trompons encore lorsque, nous établissant juges sur une matiere, notre mémoire n'est point char-

gée de tous les faits de la comparaison
desquels dépend la justesse de nos
décisions. Ce n'est pas que chacun
n'ait l'esprit juste : chacun voit bien
ce qu'il voit ; mais, personne ne se
défiant assez de son ignorance, on
croit trop facilement que ce que l'on
voit dans un objet est tout ce que
l'on y peut voir.

Dans les questions un peu difficiles,
l'ignorance doit être regardée comme
la principale cause de nos erreurs.
Pour savoir combien en ce cas il est
facile de se faire illusion à soi-même,
et comment, en tirant des consé-
quences toujours justes de leurs prin-
cipes, les hommes arrivent à des ré-
sultats entièrement contradictoires,
je choisirai pour exemple une ques-
tion un peu compliquée : telle est
celle du luxe, sur laquelle on a porté
des jugements très différents, selon

qu'on l'a considérée sous telle ou telle face.

Comme le mot de *luxe* est vague, n'a aucun sens bien déterminé, et n'est ordinairement qu'une expression relative, il faut d'abord attacher une idée nette à ce mot de *luxe* pris dans une signification rigoureuse, et donner ensuite une définition du luxe considéré par rapport à une nation et par rapport à un particulier.

Dans une signification rigoureuse, on doit entendre par *luxe* toute espece de superfluités ; c'est-à-dire tout ce qui n'est pas absolument nécessaire à la conservation de l'homme. Lorsqu'il s'agit d'un peuple policé et des particuliers qui le composent, ce mot de *luxe* a une tout autre signification ; il devient absolument relatif. Le luxe d'une nation policée est l'emploi de ses richesses à ce que nomme

superfluités le peuple avec lequel on
compare cette nation. C'est le cas où
se trouve l'Angleterre par rapport à
la Suisse.

Le luxe, dans un particulier, est
pareillement l'emploi de ses richesses
à ce que l'on doit appeler superflui-
tés eu égard au poste que cet homme
occupe dans un état, et au pays dans
lequel il vit. Tel étoit le luxe de Bour-
valais.

Cette définition donnée, voyons
sous quels aspects différents on a con-
sidéré le luxe des nations, lorsque
les uns l'ont regardé comme utile, et
les autres comme nuisible, à l'état.

Les premiers ont porté leurs regards
sur ces manufactures que le luxe
construit, où l'étranger s'empresse
d'échanger ses trésors contre l'indus-
trie d'une nation. Ils voient l'augmen-
tation des richesses amener à sa suite

l'augmentation du luxe et la perfection des arts propres à le satisfaire. Le siecle du luxe leur paroît l'époque de la grandeur et de la puissance d'un état. L'abondance d'argent qu'il suppose et qu'il attire, rend, disent-ils, la nation heureuse au dedans, et redoutable au dehors. C'est par l'argent qu'on soudoie un grand nombre de troupes, qu'on bâtit des magasins, qu'on fournit des arsenaux, qu'on contracte, qu'on entretient alliance avec de grands princes, et qu'une nation enfin peut non seulement résister, mais encore commander, à des peuples plus nombreux, et par conséquent plus réellement puissants qu'elle. Si le luxe rend un état redoutable au dehors, quelle félicité ne lui procure-t-il pas au dedans ! Il adoucit les mœurs, il crée de nouveaux plaisirs, fournit par ce moyen à la sub-

sistance d'une infinité d'ouvriers. Il
excite une cupidité salutaire qui ar-
rache l'homme à cette inertie, à cet
ennui qu'on doit regarder comme une
des maladies les plus communes et les
plus cruelles de l'humanité. Il répand
par-tout une chaleur vivifiante, fait
circuler la vie dans tous les membres
d'un état, y réveille l'industrie, fait
ouvrir des ports, y construit des vais-
seaux, les guide à travers l'océan, et
rend enfin communes à tous les hom-
mes les productions et les richesses
que la nature avare enferme dans les
gouffres des mers, dans les abymes de
la terre, ou qu'elle tient éparses dans
mille climats divers. Voilà, je pense,
à-peu-près le point de vue sous lequel
le luxe se présente à ceux qui le con-
siderent comme utile aux états.

Examinons maintenant l'aspect sous
lequel il s'offre aux philosophes qui

le regardent comme funeste aux na-
tions.

Le bonheur des peuples dépend et
de la félicité dont ils jouissent au
dedans, et du respect qu'ils inspirent
au dehors.

A l'égard du premier objet, nous
pensons, diront ces philosophes, que
le luxe et les richesses qu'il attire dans
un état n'en rendroient les sujets
que plus heureux, si ces richesses
étoient moins inégalement partagées,
et que chacun pût se procurer les
commodités dont l'indigence le force
à se priver.

Le luxe n'est donc pas nuisible
comme luxe, mais simplement com-
me l'effet d'une grande disproportion
entre les richesses des citoyens (1).

(1) Le luxe fait circuler l'argent, il le
retire des coffres où l'avarice pourroit
l'entasser : c'est donc le luxe, disent

Aussi le luxe n'est-il jamais extrême,
lorsque le partage des richesses n'est

quelques gens, qui remet l'équilibre entre
les fortunes des citoyens. Ma réponse à
ce raisonnement, c'est qu'il ne produit
point cet effet. Le luxe suppose toujours
une cause d'inégalité de richesses entre
les citoyens ; or cette cause, qui fait les
premiers riches, doit, lorsque le luxe les
a ruinés, en reproduire toujours de nou-
veaux. Si l'on détruisoit cette cause
d'inégalité de richesses, le luxe disparoî-
troit avec elle. Il n'y a pas de ce qu'on
appelle *luxe* dans les pays où les fortunes
des citoyens sont à-peu-près égales. J'a-
jouterai à ce que je viens de dire, que,
cette inégalité de richesse une fois établie,
le luxe lui-même est, en partie, cause de
la reproduction perpétuelle du luxe. En
effet, tout homme qui se ruine par son
luxe transporte la plus grande partie de
ses richesses dans les mains des artisans
du luxe ; ceux-ci, enrichis des dépouilles

pas trop inégal; il s'augmente à mesure qu'elles se rassemblent en un plus petit nombre de mains; il parvient enfin à

d'une infinité de dissipateurs, deviennent riches à leur tour, et se ruinent de la même maniere. Or, des débris de tant de fortunes, ce qui reflue de richesses dans les campagnes n'en peut être que la moindre partie, parceque les productions de la terre, destinées à l'usage commun des hommes, ne peuvent jamais excéder un certain prix.

Il n'en est pas ainsi de ces mêmes productions lorsqu'elles ont passé dans les manufactures et qu'elles ont été employées par l'industrie; elles n'ont alors de valeur que celle que leur donne la fantaisie; le prix en devient excessif. Le luxe doit donc toujours retenir l'argent dans les mains de ses artisans, le faire toujours circuler dans la même classe d'hommes, et par ce moyen entretenir toujours l'inégalité des richesses entre les citoyens.

son dernier période, lorsque la nation se partage en deux classes, dont l'une abonde en superfluités, et l'autre manque du nécessaire.

Arrivé une fois à ce point, l'état d'une nation est d'autant plus cruel qu'il est incurable. Comment remettre alors quelque égalité dans les fortunes des citoyens? L'homme riche aura acheté de grandes seigneuries : à portée de profiter du dérangement de ses voisins, il aura réuni en peu de temps une infinité de petites propriétés à son domaine. Le nombre des propriétaires diminué, celui des journaliers sera augmenté : lorsque ces derniers seront assez multipliés pour qu'il y ait plus d'ouvriers que d'ouvrage, alors le journalier suivra le cours de toute espece de marchandise, dont la valeur diminue lorsqu'elle est commune. D'ailleurs,

20.

l'homme riche, qui a plus de luxe en-
core que de richesses, est intéressé à
baisser le prix des journées, à n'offrir
au journalier que la paie absolument
nécessaire pour sa subsistance (1) :
le besoin contraint ce dernier à s'en

(1) On croit communément que les
campagnes sont ruinées par les corvées,
les impositions, et sur-tout par celle des
tailles ; je conviendrai volontiers qu'elles
sont très onéreuses : il ne faut cependant
pas imaginer que la seule suppression de
cet impôt rendît la condition des paysans
fort heureuse. Dans beaucoup de provin-
ces la journée est de huit sous : or, de ces
huit sous, si je déduis l'imposition de l'é-
glise, c'est-à-dire à-peu-près quatre-vingt-
dix fêtes ou dimanches, et peut-être une
trentaine de jours dans l'année où l'ou-
vrier est incommodé, sans ouvrage, ou
employé aux corvées, il ne lui reste, l'un
portant l'autre, que six sous par jour : tant
qu'il est garçon, je veux que ces six sous

contenter ; mais s'il lui survient quel-
que maladie ou quelque augmen-
tation de famille, alors, faute d'une

fournissent à sa dépense, le nourrissent,
le vêtent, le logent; dès qu'il sera marié,
ces six sous ne pourront plus lui suffire,
parceque, dans les premieres années du
mariage, la femme, entièrement occupée
à soigner ou à allaiter ses enfants, ne peut
rien gagner. Supposons qu'on lui fît alors
remise entiere de sa taille, c'est-à-dire
cinq ou six francs, il auroit à-peu-près un
liard de plus à dépenser par jour; or
ce liard ne changeroit sûrement rien à sa
situation. Que faudroit-il donc faire pour
la rendre heureuse? Hausser considéra-
blement le prix des journées. Pour cet
effet il faudroit que les seigneurs vécus-
sent habituellement dans leurs terres : à
l'exemple de leurs peres, ils récompen-
seroient les services de leurs domestiques
par le don de quelques arpents de terre :
le nombre des propriétaires augmenteroit

nourriture saine ou assez abondante,
il devient infirme, il meurt, et laisse
à l'état une famille de mendiants.
Pour prévenir un pareil malheur, il
faudroit avoir recours à un nouveau
partage des terres : partage toujours
injuste et impraticable. Il est donc
évident que, le luxe parvenu à un
certain période, il est impossible de
remettre aucune égalité entre la for-
tune des citoyens. Alors les riches et
les richesses se rendent dans les capi-
tales, où les attirent les plaisirs et les
arts du luxe : alors la campagne reste
inculte et pauvre; sept ou huit mil-
lions d'hommes languissent dans la
misere (1), et cinq ou six mille vivent

insensiblement, celui des journaliers di-
minueroit; et ces derniers, devenus plus
rares, mettroient leur peine à plus haut
prix.

(1) Il est bien singulier que les pays

dans une opulence qui les rend odieux, sans les rendre plus heureux.

En effet que peut ajouter au bon-

vantés par leur luxe et leur police soient les pays où le plus grand nombre des hommes est plus malheureux que ne le sont les nations sauvages, si méprisées des nations policées. Qui doute que l'état du sauvage ne soit préférable à celui du paysan? Le sauvage n'a point, comme lui, à craindre la prison, la surcharge des impôts, la vexation d'un seigneur, le pouvoir arbitraire d'un subdélégué; il n'est point perpétuellement humilié et abruti par la présence journaliere d'hommes plus riches et plus puissants que lui: sans supérieur, sans servitude, plus robuste que le paysan, parcequ'il est plus heureux, il jouit du bonheur de l'égalité, et sur-tout du bien inestimable de la liberté, si inutilement réclamée par la plupart des nations.

Dans les pays policés, l'art de la légis-

heur d'un homme l'excellence plus
ou moins grande de sa table ? Ne lui
suffit-il pas d'attendre la faim, de pro-

lation n'a souvent consisté qu'à faire con-
courir une infinité d'hommes au bonheur
d'un petit nombre, à tenir pour cet effet
la multitude dans l'oppression, et à violer
envers elle tous les droits de l'humanité.

- Cependant le vrai esprit législatif ne
devroit s'occuper que du bonheur général.
Pour procurer ce bonheur aux hommes,
peut-être faudroit-il les rapprocher de la
vie de pasteur; peut-être les découvertes
en législation nous rameneront-elles à cet
égard au point d'où l'on est d'abord parti.
Non que je veuille décider une question
si délicate, et qui exigeroit l'examen le
plus profond; mais j'avoue qu'il est bien
étonnant que tant de formes différentes
de gouvernement, établies du moins sous
le prétexte du bien public, que tant de
lois, tant de réglements, n'aient été chez
la plupart des peuples que des instruments

portionner ses exercices ou la lón-
gueur de ses promenades au mauvais
goût de son cuisinier , pour trouver
délicieux tout mets qui ne sera pas
détestable ? D'ailleurs la frugalité et
l'exercice ne le font-ils pas échapper
à toutes les maladies qu'occasionne

de l'infortune des hommes. Peut-être ne
peut-on échapper à ce malheur sans re-
venir à des mœurs infiniment plus sim-
ples. Je sens bien qu'il faudroit alors re-
noncer à une infinité de plaisirs dont on
ne peut se détacher sans peine; mais ce
sacrifice cependant seroit un devoir, si le
bien général l'exigeoit. N'est-on pas même
en droit de soupçonner que l'extrême
félicité de quelques particuliers est tou-
jours attachée au malheur du plus grand
nombre? vérité assez heureusement ex-
primée par ces deux vers sur les sau-
vages :

Chez eux tout est commun, chez eux tout est égal;
Comme ils sont sans palais, ils sont sans hôpital.

la gourmandise irritée par la bonne chere? Le bonheur ne dépend donc pas de l'excellence de la table.

Il ne dépend pas non plus de la magnificence des habits ou des équipages : lorsqu'on paroît en public couvert d'un habit brodé et traîné dans un char brillant, on n'éprouve pas des plaisirs physiques, qui sont les seuls plaisirs réels ; on est tout au plus affecté d'un plaisir de vanité, dont la privation seroit peut-être insupportable, mais dont la jouissance est insipide. Sans augmenter son bonheur, l'homme riche ne fait, par l'étalage de son luxe, qu'offenser l'humanité et le malheureux, qui, comparant les haillons de la misere aux habits de l'opulence, s'imagine qu'entre le bonheur du riche et le sien il n'y a pas moins de différence qu'entre leurs vétements ; qui se rappelle, à

cette occasion, le souvenir douloureux
des peines qu'il endure , et qui se
trouve ainsi privé du seul soulagement
de l'infortuné, de l'oubli momentanée
de sa misere.

Il est donc certain, continueront
ces philosophes, que le luxe ne fait
le bonheur de personne , et qu'en
supposant une trop grande inégalité
de richesses entre les citoyens, il
suppose le malheur du plus grand
nombre d'entre eux. Le peuple chez
qui le luxe s'introduit n'est donc pas
heureux au dedans : voyons s'il est
respectable au dehors.

L'abondance d'argent que le luxe
attire dans un état en impose d'abord
à l'imagination ; cet état est pour
quelques instants un état puissant :
mais cet avantage (supposé qu'il puisse
exister quelque avantage indépendant
du bonheur des citoyens) n'est, com-

me le remarque M. Hume, qu'un avantage passager. Assez semblables aux mers, qui successivement abandonnent et couvrent mille plages différentes, les richesses doivent successivement parcourir mille climats divers. Lorsque, par la beauté de ses manufactures et la perfection des arts de luxe, une nation a attiré chez elle l'argent des peuples voisins, il est évident que le prix des denrées et de la main-d'œuvre doit nécessairement baisser chez ces peuples appauvris, et que ces peuples, en enlevant quelques manufacturiers, quelques ouvriers à cette nation riche, peuvent l'appauvrir à son tour en l'approvisionnant, à meilleur compte, des marchandises dont cette nation les fournissoit (1). Or, sitôt que la di-

(1) Ce que je dis du commerce des marchandises de luxe ne doit pas s'appli-

sette d'argent se fait sentir dans un
état accoutumé au luxe, la nation
tombe dans le mépris.

quer à toute espece de commerce. Les
richesses que les manufactures et la per-
fection des arts du luxe attirent dans un
état n'y sont que passageres, et n'aug-
mentent pas la félicité des particuliers. Il
n'en est pas de même des richesses qu'at-
tire le commerce des marchandises qu'on
appelle de premiere nécessité. Ce com-
merce suppose une excellente culture des
terres, une subdivision de ces mêmes
terres en une infinité de petits domaines,
et par conséquent un partage bien moins
inégal des richesses. Je sais bien que le
commerce des denrées doit, après un
certain temps, occasionner aussi une très
grande disproportion entre les fortunes
des citoyens, et amener le luxe à sa suite;
mais peut-être n'est-il pas impossible
d'arrêter dans ce cas les progrès du luxe.
Ce qu'on peut du moins assurer, c'est que
la réunion des richesses en un plus petit

Pour s'y soustraire, il faudroit se rapprocher d'une vie simple; et les mœurs ainsi que les lois s'y opposent.

nombre de mains se fait alors bien plus lentement, et parceque les propriétaires sont à-la-fois cultivateurs et négociants, et parceque, le nombre des propriétaires étant plus grand et celui des journaliers plus petit, ceux-ci, devenus plus rares, sont, comme je l'ai dit dans une note précédente, en état de donner la loi, de taxer leurs journées, et d'exiger une paie suffisante pour subsister honnêtement eux et leurs familles. C'est ainsi que chacun a part aux richesses que procure aux états le commerce des denrées. J'ajouterai de plus que ce commerce n'est pas sujet aux mêmes révolutions que le commerce des manufactures de luxe; un art, une manufacture passe aisément d'un pays dans un autre; mais quel temps ne faut-il pas pour vaincre l'ignorance et la paresse des paysans, et les engager à s'adonner à la

Aussi l'époque du plus grand luxe d'une nation est-elle ordinairement l'époque la plus prochaine de sa chûte

culture d'une nouvelle denrée ! Pour naturaliser cette nouvelle denrée dans un pays, il faut un soin et une dépense qui doivent presque toujours laisser à cet égard l'avantage du commerce au pays où cette denrée croît naturellement, et dans lequel elle est depuis long-temps cultivée.

Il est cependant un cas, peut-être imaginaire, où l'établissement des manufactures et le commerce des arts de luxe pourroit être regardé comme très utile : ce seroit lorsque l'étendue et la fertilité d'un pays ne seroient pas proportionnées au nombre de ses habitants, c'est-à-dire lorsqu'un état ne pourroit nourrir tous ses citoyens. Alors une nation qui ne sera point à portée de peupler un pays tel que l'Amérique n'a que deux partis à prendre ; l'un, d'envoyer des colonies ravager les contrées voisines, et s'établir, comme et de son avilissement. La félicité et la puissance apparente que le luxe communique durant quelques instants aux nations, est comparable à ces fievres violentes qui prêtent, dans le transport, une force incroyable au malade qu'elles dévorent, et qui semblent ne multiplier les forces d'un

certains peuples, à main armée dans des pays assez fertiles pour les nourrir; l'autre, d'établir des manufactures, de forcer les nations voisines d'y lever des marchandises, et de lui apporter en échange les denrées nécessaires à la subsistance d'un certain nombre d'habitants. Entre ces deux partis, le dernier est sans contredit le plus humain. Quel que soit le sort des armes, victorieuse ou vaincue, toute colonie qui entre à main armée dans un pays y répand certainement plus de désolation et de maux que n'en peut occasionner la levée d'une espece de tribut, moins exigé par la force que par l'humanité.

homme que pour le priver, au déclin
de l'accès, et de ces mêmes forces et
de la vie.

Pour se convaincre de cette vérité,
diront encore les mêmes philosophes,
cherchons ce qui doit rendre une na-
tion réellement respectable à ses voi-
sins : c'est, sans contredit, le nombre,
la vigueur de ses citoyens, leur atta-
chement pour la patrie, et enfin leur
courage et leur vertu.

Quant au nombre des citoyens, on
sait que les pays de luxe ne sont pas
les plus peuplés ; que, dans la même
étendue de terrain cultivé, la Suisse
peut compter plus d'habitants que
l'Espagne, la France, et même l'An-
gleterre.

La consommation d'hommes, qu'oc-
casionne nécessairement un grand
commerce (1), n'est pas en ces pays

(1) Cette consommation d'hommes est

l'unique cause de la dépopulation : le
luxe en crée mille autres, puisqu'il
attire les richesses dans les capitales,
laisse les campagnes dans la disette,
favorise le pouvoir arbitraire, et par

cependant si grande, qu'on ne peut sans
frémir considérer celle que suppose notre
commerce d'Amérique. L'humanité, qui
commande l'amour de tous les hommes,
veut que, dans la traite des Negres, je
mette également au rang des malheurs, et
la mort de mes compatriotes, et celle de
tant d'Africains qu'anime au combat l'es-
poir de faire des prisonniers, et le desir
de les échanger contre nos marchandises.
Si l'on suppute le nombre d'hommes qui
périt, tant par les guerres que dans la
traversée d'Afrique en Amérique; qu'on
y ajoute celui des Negres qui, arrivés à
leur destination, deviennent la victime
des caprices, de la cupidité et du pouvoir
arbitraire d'un maître; et qu'on joigne à
ce nombre celui des citoyens qui périssent

conséquent l'augmentation des subsi-
des, et qu'il donne enfin aux nations
opulentes la facilité de contracter des
dettes (1), dont elles ne peuvent en-

par le feu, le naufrage ou le scorbut;
qu'enfin on y ajoute celui des matelots
qui meurent pendant leur séjour à Saint-
Domingue, ou par les maladies affectées à
la température particuliere de ce climat,
ou par les suites d'un libertinage toujours
si dangereux en ce pays; on conviendra
qu'il n'arrive point de barrique de sucre
en Europe qui ne soit teinte de sang hu-
main. Or quel homme, à la vue des mal-
heurs qu'occasionnent la culture et l'ex-
portation de cette denrée, refuseroit de
s'en priver, et ne renonceroit pas à un
plaisir acheté par les larmes et la mort de
tant de malheureux? Détournons nos re-
gards d'un spectacle si funeste, et qui
fait tant de honte et d'horreur à l'huma-
nité.

(1) La Hollande, l'Angleterre, la

suite s'acquitter sans surcharger les peuples d'impôts onéreux. Or ces différentes causes de dépopulation, en plongeant tout un pays dans la misere, y doivent nécessairement affoiblir la constitution des corps. Le peuple adonné au luxe n'est jamais un peuple robuste : de ces citoyens, les uns sont énervés par la mollesse, les autres exténués par le besoin.

Si les peuples sauvages ou pauvres, comme le remarque le chevalier Folard, ont à cet égard une grande supériorité sur les peuples livrés au luxe, c'est que le laboureur est, chez les nations pauvres, souvent plus riche que chez les nations opulentes ; c'est qu'un paysan suisse est plus à son aise qu'un paysan français (1).

France, sont chargées de dettes ; et la Suisse ne doit rien.

(1) Il ne suffit pas, dit Grotius, que le

Pour former des corps robustes, il faut une nourriture simple, mais saine et assez abondante ; un exercice qui, sans être excessif, soit fort ; une grande habitude à supporter les intempéries des saisons ; habitude que contractent les paysans, qui, par cette raison, sont infiniment plus propres à soutenir les fatigues de la guerre que des manufacturiers, la plupart habitués à une vie sédentaire. C'est aussi chez les nations pauvres que se forment ces armées infatigables qui changent le destin des empires.

Quels remparts opposeroit à ces nations un pays livré au luxe et à la mollesse ? Il ne peut leur en imposer ni par le nombre ni par la force de ses habitants. L'attachement pour la

peuple soit pourvu des choses absolument nécessaires à sa conservation et à sa vie, il faut encore qu'il l'ait agréable.

patrie, dira-t-on, peut suppléer au nombre et à la force des citoyens. Mais qui produiroit en ces pays cet amour vertueux de la patrie? L'ordre des paysans, qui compose à lui seul les deux tiers de chaque nation, y est malheureux: celui des artisans n'y possede rien; transplanté de son village dans une manufacture ou une boutique, et de cette boutique dans une autre, l'artisan est familiarisé avec l'idée du déplacement; il ne peut contracter d'attachement pour aucun lieu; assuré presque par-tout de sa subsistance, il doit se regarder, non comme le citoyen d'un pays, mais comme un habitant du monde.

Un pareil peuple ne peut donc se distinguer long-temps par son courage; parceque, dans un peuple, le courage est ordinairement ou l'effet de la vigueur du corps, de cette con-

fiance aveugle en ses forces qui cache
aux hommes la moitié du péril auquel
ils s'exposent, ou l'effet d'un violent
amour pour la patrie, qui leur fait
dédaigner les dangers : or le luxe ta-
rit à la longue ces deux sources de
courage (1). Peut-être la cupidité en

(1) En conséquence l'on a toujours re-
gardé l'esprit militaire comme incompa-
tible avec l'esprit de commerce : ce n'est
pas qu'on ne puisse du moins les concilier
jusqu'à un certain point ; mais c'est qu'en
politique ce problème est un des plus dif-
ficiles à résoudre. Ceux qui jusqu'à pré-
sent ont écrit sur le commerce l'ont traité
comme une question isolée : ils n'ont pas
assez fortement senti que tout a ses re-
flets ; qu'en fait de gouvernement il n'est
point proprement de question isolée ;
qu'en ce genre le mérite d'un auteur con-
siste à lier ensemble toutes les parties de
l'administration ; et qu'enfin un état est
une machine mue par différents ressorts,

ouvriroit-elle une troisieme, si nous vivions encore dans ces siecles barbares où l'on réduisoit les peuples en servitude, et l'on abandonnoit les villes au pillage. Le soldat n'étant plus maintenant excité par ce motif, il ne peut l'être que par ce qu'on appelle l'honneur : or le desir de l'honneur s'éteint chez un peuple, lorsque l'amour des richesses s'y allume (1). En vain diroit-on que les nations riches gagnent du moins en bonheur et en plaisirs ce qu'elles perdent en vertu

dont il faut augmenter ou diminuer la force proportionnément au jeu de ces ressorts entre eux, et à l'effet qu'on veut produire.

(1) Il est inutile d'avertir que le luxe est, à cet égard, plus dangereux pour une nation située en terre-ferme que pour des insulaires; leurs remparts sont leurs vaisseaux, et leurs soldats les matelots.

et en courage : un Spartiate (1) n'étoit
pas moins heureux qu'un Perse : les
premiers Romains, dont le courage
étoit récompensé par le don de quel-
ques denrées, n'auroient point envié
le sort de Crassus.

Caïus Duillius, qui, par ordre du
sénat, étoit tous les soirs reconduit
à sa maison à la clarté des flambeaux

(1) Un jour qu'on faisoit devant Alci-
biade l'éloge de la valeur des Spartiates :
« De quoi s'étonne-t-on ? disoit-il : à la
« vie malheureuse qu'ils mènent, ils ne
« doivent avoir rien de si pressé que de
« mourir ». Cette plaisanterie étoit celle
d'un jeune homme nourri dans le luxe.
Alcibiade se trompoit, et Lacédémone
n'envioit pas le bonheur d'Athènes. C'est
ce qui faisoit dire à un ancien qu'il étoit
plus doux de vivre, comme les Spartiates,
à l'ombre des bonnes lois, qu'à l'ombre
des bocages, comme les Sybarites.

et au son des flûtes, n'étoit pas moins
sensible à ce concert grossier que
nous le sommes à la plus brillante
sonate. Mais, en accordant que les
nations opulentes se procurent quel-
ques commodités inconnues aux peu-
ples pauvres, qui jouira de ces com-
modités? un petit nombre d'hommes
privilégiés et riches, qui, se prenant
pour la nation entiere, concluent de
leur aisance particuliere que le pay-
san est heureux. Mais, quand même
ces commodités seroient réparties en-
tre un plus grand nombre de citoyens,
de quel prix est cet avantage comparé
à ceux que procure à des peuples
pauvres une ame forte, courageuse,
et ennemie de l'esclavage? Les nations
chez qui le luxe s'introduit sont tôt
ou tard victimes du despotisme; elles
présentent des mains foibles et débiles
aux fers dont la tyrannie veut les char-

ger. Comment s'y soustraire ? Dans ces nations, les uns vivent dans la mollesse ; et la mollesse ne pense ni ne prévoit: les autres languissent dans la misere ; et le besoin pressant, entièrement occupé à se satisfaire, n'éleve point ses regards jusqu'à la liberté. Dans la forme despotique, les richesses de ces nations sont à leurs maîtres ; dans la forme républicaine, elles appartiennent aux gens puissants, comme aux peuples courageux qui les avoisinent.

« Apportez-nous vos trésors, au-
« roient pu dire les Romains aux
« Carthaginois ; ils nous appartien-
« nent. Rome et Carthage ont toutes
« deux voulu s'enrichir ; mais elles
« ont pris des routes différentes pour
« arriver à ce but : tandis que vous
« encouragiez l'industrie de vos ci-
« toyens, que vous établissiez des

« manufactures, que vous couvriez la
« mer de vos vaisseaux, que vous
« alliez reconnoître des côtes inha-
« bitées, et que vous attiriez chez
« vous tout l'or des Espagnes et
« de l'Afrique; nous, plus prudents,
« nous endurcissions nos soldats aux
« fatigues de la guerre, nous élevions
« leur courage.; nous savions que
« l'industrieux ne travailloit que pour
« le brave. Le temps de jouir est
« arrivé; rendez-nous des biens que
« vous êtes dans l'impuissance de dé-
« fendre ». Si les Romains n'ont
pas tenu ce langage, du moins.leur
conduite prouve-t-elle qu'ils étoient
affectés des sentiments que ce discours
suppose. Comment la pauvreté de
Rome n'eût-elle pas commandé à la
richesse de Carthage, et conservé à
cet égard l'avantage que presque tou-
tes les nations pauvres ont eu sur les

nations opulentes ? N'a-t-on pas vu la frugale Lacédémone triompher de la riche et commerçante Athenes ; les Romains fouler aux pieds les sceptres d'or de l'Asie ? N'a-t-on pas vu l'Égypte, la Phénicie, Tyr, Sidon, Rhodes, Gênes, Venise, subjuguées, ou du moins humiliées, par des peuples qu'elles appeloient barbares ? Et qui sait si on ne verra pas un jour la riche Hollande, moins heureuse au dedans que la Suisse, opposer à ses ennemis une résistance moins opiniâtre ? Voilà sous quel point de vue le luxe se présente aux philosophes, qui l'ont regardé comme funeste aux nations.

La conclusion de ce que je viens de dire, c'est que les hommes, en voyant bien ce qu'ils voient, en tirant des conséquences très justes de leurs principes, arrivent cependant à des résultats souvent contradictoires, parcequ'ils n'ont pas dans la mémoire tous les objets de la comparaison desquels doit résulter la vérité qu'ils cherchent.

Il est, je pense, inutile de dire qu'en présentant la question du luxe sous deux aspects différents, je ne prétends point décider si le luxe est réellement nuisible ou utile aux états : il faudroit, pour résoudre exactement ce problême moral, entrer dans des détails étrangers à l'objet que je me propose : j'ai seulement voulu prouver, par cet exemple, que dans les questions compliquées, et sur lesquelles on juge sans passion, on ne se trompe jamais que par ignorance, c'est-à-dire en imaginant que le côté qu'on voit dans un objet est tout ce qu'il y a à voir dans ce même objet.

CHAPITRE IV.

De l'Abus des mots.

Une autre cause d'erreur, et qui tient pareillement à l'ignorance, c'est l'abus des mots, et les idées peu nettes qu'on y attache. M. Locke a si heureusement traité ce sujet, que je ne m'en permets l'examen que pour épargner la peine des recherches aux lecteurs, qui tous n'ont pas l'ouvrage de ce philosophe également présent à l'esprit.

Descartes avoit déja dit, avant Locke, que les péripatéticiens, retranchés derriere l'obscurité des mots, étoient assez semblables à des aveugles qui, pour rendre le combat égal, attireroient un homme clair-voyant dans une caverne obscure. Que cet homme, ajoutoit-il, sache donner du jour à la caverne, qu'il force les péripatéticiens d'attacher des idées nettes aux mots dont ils se servent, son triomphe est assuré. D'après Descartes et Locke, je vais donc prouver qu'en métaphysique et en morale l'abus des mots et l'ignorance de leur vraie signification est, si j'ose le dire, un labyrinthe où les plus grands génies se sont quelquefois égarés. Je prendrai pour exemple quelques uns de ces mots qui ont excité les disputes les plus longues et les plus vives entre les philosophes : tels sont, en métaphysique, les mots de *matiere*, d'*espace*, et d'*infini*.

L'on a de tout temps et tour-à-tour soutenu que la matiere sentoit ou ne sentoit pas, et l'on a sur ce sujet dis-

puté très longuement et très vague-
ment. L'on s'est avisé très tard de se
demander sur quoi l'on disputoit, et
d'attacher une idée précise à ce mot
de *matiere*. Si d'abord l'on en eût
fixé la signification, on eût reconnu
que les hommes étoient, si j'ose le
dire, les créateurs de la matiere, que
la matiere n'étoit pas un être, qu'il
n'y avoit dans la nature que des indi-
vidus auxquels on avoit donné le nom
de corps, et qu'on ne pouvoit entendre
par ce mot de matiere que la collection
des propriétés communes à tous les
corps. La signification de ce mot ainsi
déterminée, il ne s'agissoit plus que
de savoir si l'étendue, la solidité,
l'impénétrabilité, étoient les seules
propriétés communes à tous les corps;
et si la découverte d'une force telle,
par exemple, que l'attraction ne
pouvoit pas faire soupçonner que les

corps eussent encore quelques pro-
priétés inconnues, telles que la faculté
de sentir, qui, ne se manifestant que
dans les corps organisés des animaux,
pouvoit être cependant commune à
tous les individus. La question réduite
à ce point, on eût alors senti que,
s'il est à la rigueur impossible de dé-
montrer que tous les corps soient
absolument insensibles, tout homme
qui n'est pas sur ce sujet éclairé par
la révélation ne peut décider la ques-
tion qu'en calculant et comparant la
probabilité de cette opinion avec la
probabilité de l'opinion contraire.

Pour terminer cette dispute, il n'é-
toit donc point nécessaire de bâtir
différents systêmes du monde, de se
perdre dans la combinaison des possi-
bilités, et de faire ces efforts prodi-
gieux d'esprit qui n'ont abouti et
n'ont dû réellement aboutir qu'à des

erreurs plus ou moins ingénieuses. En effet, (qu'il me soit permis de le remarquer ici,) s'il faut tirer tout le parti possible de l'observation, il faut ne marcher qu'avec elle, s'arrêter au moment qu'elle nous abandonne, et avoir le courage d'ignorer ce qu'on ne peut encore savoir.

Instruits par les erreurs des grands hommes qui nous ont précédés, nous devons sentir que nos observations multipliées et rassemblées suffisent à peine pour former quelques uns de ces systêmes partiels renfermés dans le systême général; que c'est des profondeurs de l'imagination qu'on a jusqu'à présent tiré celui de l'univers; et que si l'on n'a jamais que des nouvelles tronquées des pays éloignés de nous, les philosophes n'ont pareillement que des nouvelles tronquées du systême du monde. Avec beaucoup d'esprit et de combinaisons, ils ne débiteront jamais que des fables, jusqu'à ce que le temps et le hasard leur aient donné un fait général auquel tous les autres puissent se rapporter.

Ce que j'ai dit du mot de *matiere*, je le dis de celui d'*espace* ; la plupart des philosophes en ont fait un être, et l'ignorance de la signification de ce mot a donné lieu à de longues disputes (1). Ils les auroient abrégées s'ils avoient attaché une idée nette à ce mot : ils seroient alors convenus que l'espace, considéré abstractivement, est le pur néant; que l'espace, considéré dans les corps, est ce qu'on appelle l'étendue; que nous devons l'idée de vuide, qui compose en partie l'idée d'espace, à l'intervalle apperçu entre deux montagnes élevées ; inter-

(1) Voyez les disputes de Clarke et de Leibnitz.

valle qui, n'étant occupé que par l'air, c'est-à-dire par un corps qui, d'une certaine distance, ne fait sur nous aucune impression sensible, a dû nous donner une idée du vuide, qui n'est autre chose que la possibilité de nous représenter des montagnes éloignées les unes des autres, sans que la distance qui les sépare soit remplie par aucun corps.

A l'égard de l'idée de *l'infini*, renfermée encore dans l'idée de l'*espace*, je dis que nous ne devons cette idée de l'infini qu'à la puissance qu'un homme placé dans une plaine a d'en reculer toujours les limites, sans qu'on puisse à cet égard fixer le terme où son imagination doive s'arrêter : l'*absence des bornes* est donc, en quelque genre que ce soit, la seule idée que nous puissions avoir de l'infini. Si les philosophes, avant que d'établir aucune opinion sur ce sujet, avoient déterminé la signification de ce mot d'*infini*, je crois que, forcés d'adopter la définition ci-dessus, ils n'auroient pas perdu leur temps à des disputes frivoles. C'est à la fausse philosophie des siecles précédents qu'on doit principalement attribuer l'ignorance grossiere où nous sommes de la vraie signification des mots : cette philosophie consistoit presque entièrement dans l'art d'en abuser. Cet art, qui faisoit toute la science des scholastiques, confondoit toutes les idées ; et l'obscurité qu'il jetoit sur toutes les expressions se répandoit généralement sur toutes les sciences, et principalement sur la morale.

Lorsque le célebre M. de la Rochefoucauld dit que l'amour-propre est le principe de toutes nos actions, combien l'ignorance de la vraie signification de ce mot *amour-propre* ne souleva-t-elle pas de gens contre cet illustre auteur ! On prit l'amour-propre pour orgueil et vanité, et l'on s'imagina en conséquence que M. de la Rochefoucauld plaçoit dans le vice la source de toutes les vertus. Il étoit cependant facile d'appercevoir que l'amour-propre, ou l'amour de soi, n'étoit autre chose qu'un sentiment gravé en nous par la nature ; que ce sentiment se transformoit dans chaque homme en vice ou en vertu, selon les goûts et les passions qui l'animoient ; et que l'amour-propre, différemment modifié, produisoit également l'orgueil et la modestie.

La connoissance de ces idées auroit préservé M. de la Rochefoucauld du reproche tant répété qu'il voyoit l'humanité trop en noir ; il l'a connue telle qu'elle est. Je conviens que la vue nette de l'indifférence de presque tous les hommes à notre égard est un spectacle affligeant pour notre vanité; mais enfin il faut prendre les hommes comme ils sont : s'irriter contre les effets de leur amour-propre, c'est se plaindre des giboulées du printemps, des ardeurs de l'été, des pluies de l'automne, et des glaces de l'hiver.

Pour aimer les hommes, il faut en attendre peu : pour voir leurs défauts sans aigreur, il faut s'accoutumer à les leur pardonner, sentir que l'indulgence est une justice que la foible humanité est en droit d'exiger de la sagesse. Or rien de plus propre à nous porter à l'indulgence, à fermer nos cœurs à la haine, à les ouvrir aux principes d'une morale humaine et douce, que la connoissance profonde du cœur humain, telle que l'avoit

M. de la Rochefoucauld : aussi les
hommes les plus éclairés ont-ils pres-
que toujours été les plus indulgents.
Que de maximes d'humanité répan-
dues dans leurs ouvrages ! *Vivez,*
disoit Platon, *avec vos inférieurs et
vos domestiques comme avec des
amis malheureux.* « Entendrai-je
« toujours, disoit un philosophe in-
« dien, les riches s'écrier, Seigneur,
« frappe quiconque nous dérobe la
« moindre parcelle de nos biens ;
« tandis que, d'une voix plaintive et
« les mains étendues vers le ciel, le
« pauvre dit, Seigneur, fais-moi part
« des biens que tu prodigues au
« riche ; et si de plus infortunés m'en
« enlevent une partie, je n'implore-
« rai point ta vengeance, et je consi-
« dérerai ces larcins de l'œil dont
« on voit, au temps des semailles,
« les colombes se répandre dans les

« champs pour y chercher leur nour-
« riture. »

Au reste, si le mot d'amour-pro-
pre, mal entendu, a soulevé tant de
petits esprits contre M. de la Roche-
foucauld, quelles disputes, plus sé-
rieuses encore, n'a point occasionnées
le mot de *liberté!* disputes qu'on eût
facilement terminées, si tous les hom-
mes, aussi amis de la vérité que le
P. Malebranche, fussent convenus,
comme cet habile théologien, dans
sa *Prémotion physique*, que la *li-
berté étoit un mystere. Lorsqu'on
me pousse sur cette question*, disoit-
il, *je suis forcé de m'arrêter tout
court*. Ce n'est pas qu'on ne puisse
se former une idée nette du mot de
liberté pris dans une signification
commune. L'homme libre est l'hom-
me qui n'est ni chargé de fers, ni
détenu dans les prisons, ni intimidé,

comme l'esclave, par la crainte des
châtiments ; en ce sens, la liberté de
l'homme consiste dans l'exercice libre
de sa puissance : je dis, de sa puis-
sance, parcequ'il seroit ridicule de
prendre pour une *non-liberté* l'im-
puissance où nous sommes de percer
la nue comme l'aigle, de vivre sous
les eaux comme la baleine, et de nous
faire roi, pape, ou empereur.

On a donc une idée nette de ce
mot de *liberté*, pris dans une significa-
tion commune. Il n'en est pas ainsi
lorsqu'on applique ce mot de *liberté*
à la volonté. Que seroit-ce alors que
la liberté ? On ne pourroit entendre
par ce mot que le pouvoir libre de
vouloir ou de ne pas vouloir une
chose : mais ce pouvoir supposeroit
qu'il peut y avoir des volontés sans
motifs, et par conséquent des effets
sans cause. Il faudroit donc que nous

pussions également nous vouloir du bien et du mal ; supposition absolument impossible. En effet, si le desir du plaisir est le principe de toutes nos pensées et de toutes nos actions, si tous les hommes tendent continuellement vers leur bonheur réel ou apparent, toutes nos volontés ne sont donc que l'effet de cette tendance. Or tout effet est nécessaire. En ce sens, on ne peut donc attacher aucune idée nette à ce mot de *liberté*. Mais, dirat-on, si l'on est nécessité à poursuivre le bonheur par-tout où on l'apperçoit, du moins sommes-nous libres sur le choix des moyens que nous employons pour nous rendre heureux (1). Oui,

(1) Il est encore des gens qui regardent la suspension d'esprit comme une preuve de la liberté ; ils ne s'apperçoivent pas que la suspension est aussi nécessaire que la précipitation dans les jugements. Lors-

répondrai-je ; mais *libre* n'est alors qu'un synonyme d'*éclairé*, et l'on ne fait que confondre ces deux notions : selon qu'un homme saura plus ou moins de procédure et de jurisprudence, qu'il sera conduit dans ses affaires par un avocat plus ou moins habile, il prendra un parti meilleur ou moins bon ; mais, quelque parti

que, faute d'examen, l'on s'est exposé à quelque malheur, instruit par l'infortune, l'amour de soi doit nous nécessiter à la suspension.

On se trompe pareillement sur le mot *délibération*. Nous croyons délibérer lorsque nous avons, par exemple, à choisir entre deux plaisirs à-peu-près égaux et presque en équilibre ; cependant on ne fait alors que prendre pour délibération la lenteur avec laquelle, entre deux poids à-peu-près égaux, le plus pesant emporte un des bassins de la balance.

qu'il prenne, le desir de son bonheur lui fera toujours choisir le parti qui lui paroîtra le plus convenable à ses intérêts, ses goûts, ses passions, et enfin à ce qu'il regarde comme son bonheur.

Comment pourroit-on philosophiquement expliquer le problême de la liberté? Si, comme M. Locke l'a prouvé, nous sommes disciples des amis, des parents, des lectures, et enfin de tous les objets qui nous environnent, il faut que toutes nos pensées et nos volontés soient des effets immédiats ou des suites nécessaires des impressions que nous avons reçues.

On ne peut donc se former aucune idée de ce mot de *liberté*, appliqué à la volonté (1); il faut la considérer

(1) « La liberté, disoient les stoïciens,

comme un mystere ; s'écrier avec S. Paul, *O altitudo!* convenir que la théologie seule peut discourir sur une pareille matiere, et qu'un traité philosophique de la liberté ne seroit qu'un traité des effets sans cause.

« est une chimere. Faute de connoître les
« motifs, de rassembler les circonstances
« qui nous déterminent à agir d'une cer-
« taine maniere, nous nous croyons li-
« bres. Peut-on penser que l'homme ait
« véritablement le pouvoir de se déter-
« miner? Ne sont-ce pas plutôt les objets
« extérieurs, combinés de mille façons
« différentes, qui le poussent et le déter-
« minent? Sa volonté est-elle une faculté
« vague et indépendante, qui agisse sans
« choix et par caprice? Elle agit, soit en
« conséquence d'un jugement, d'un acte
« de l'entendement, qui lui représente
« que telle chose est plus avantageuse à
« ses intérêts que toute autre ; soit qu'in-
« dépendamment de cet acte les circon-

1. 24

On voit quel germe éternel de dis-
putes et de calamités renferme souvent
l'ignorance de la vraie signification
des mots. Sans parler du sang versé
par les haines et les disputes théologi-
ques, disputes presque toutes fondées
sur un abus de mots, quels autres mal-
heurs encore cette ignorance n'a-t-elle
point produits, et dans quelles erreurs
n'a-t-elle point jeté les nations!

Ces erreurs sont plus multipliées
qu'on ne pense. On sait ce conte d'un
Suisse : on lui avoit consigné une porte
des Tuileries, avec défense d'y laisser
entrer personne. Un bourgeois s'y pré-
sente : « On n'entre point, lui dit le

« stances où un homme se trouve l'incli-
« nent, le forcent à se tourner d'un cer-
« tain côté ; et il se flatte alors qu'il s'y
« est tourné librement, quoiqu'il n'ait pas
« pu vouloir se tourner d'un autre ». *His-
toire critique de la Philosophie.*

« Suisse. — Aussi, répond le bour-
« geois, je ne veux point entrer, mais
« sortir seulement du Pont-Royal. . . .
« —Ah! s'il s'agit de sortir, reprend
« le Suisse, monsieur, vous pouvez
« passer (1)». Qui le croiroit ? ce

(1) Lorsqu'on voit un chancelier avec
sa simarre, sa large perruque et son air
composé, s'il n'est point, dit Montaigne,
de tableau plus plaisant à se faire que de
se peindre ce même chancelier consom-
mant l'œuvre du mariage ; peut-être n'est-
on pas moins tenté de rire, lorsqu'on voit
l'air soucieux et la gravité importante avec
laquelle certains visirs s'asseient au divan
pour opiner et conclure comme le Suisse:
*Ah! s'il s'agit de sortir, monsieur,
vous pouvez passer.* Les applications de
ce mot sont si faciles et si fréquentes,
qu'on peut s'en fier à cet égard à la sa-
gacité des lecteurs, et les assurer qu'ils
trouveront par-tout des sentinelles suisses.

Je ne puis m'empêcher de rapporter

conte est l'histoire du peuple romain. César se présente dans la place publique; il veut s'y faire couronner : et les Romains, faute d'attacher des idées précises au mot de royauté, lui accordent, sous le nom d'*imperator*, la puissance qu'ils lui refusent sous le nom de *rex*.

Ce que je dis des Romains peut généralement s'appliquer à tous les divans et à tous les conseils des princes.

encore à ce sujet un fait assez plaisant: c'est la réponse d'un Anglais à un ministre d'état. « Rien de plus ridicule, disoit le
« ministre aux courtisans, que la maniere
« dont se tient le conseil chez quelques
« nations negres. Représentez-vous une
« chambre d'assemblée où sont placées
« une douzaine de grandes cruches ou
« jarres à moitié pleines d'eau : c'est là
« que, nuds et d'un pas grave, se rendent une douzaine de conseillers d'état.

Parmi les peuples, comme parmi les souverains, il n'en est aucun que l'abus des mots n'ait précipité dans quelque erreur grossiere. Pour échapper à ce piege, il faudroit, suivant le conseil de Leibnitz, composer une langue philosophique, dans laquelle on détermineroit la signification précise de chaque mot. Les hommes alors pourroient s'entendre, se transmettre exactement leurs idées ; les disputes qu'é-

« Arrivés dans cette chambre, chacun
« saute dans sa cruche, s'y enfonce jus-
« qu'au cou ; et c'est dans cette posture
« qu'on opine et qu'on délibere sur les
« affaires d'état. Mais vous ne riez pas!
« dit le ministre au seigneur le plus près
« de lui.—C'est, répondit-il, que je vois
« tous les jours quelque chose de plus
« plaisant encore.—Quoi donc? reprit le
« ministre. — C'est un pays où les cru-
« ches seules tiennent conseil. »

24.

ternise l'abus des mots se termine-
roient ; et les hommes, dans toutes les
sciences, seroient bientôt forcés d'ad-
opter les mêmes principes.

Mais l'exécution d'un projet si utile
et si desirable est peut-être impossible.
Ce n'est point aux philosophes, c'est
au besoin, qu'on doit l'invention des
langues ; et le besoin en ce genre
n'est pas difficile à satisfaire. En con-
séquence on a d'abord attaché quel-
ques fausses idées à certains mots ;
ensuite on a combiné, comparé, ces
idées et ces mots entre eux ; chaque
nouvelle combinaison a produit une
nouvelle erreur ; ces erreurs se sont
multipliées, et, en se multipliant, se
sont tellement compliquées, qu'il se-
roit maintenant impossible, sans une
peine et un travail infinis, d'en suivre
et d'en découvrir la source. Il en est
des langues comme d'un calcul algé-

brique : il s'y glisse d'abord quelques erreurs ; ces erreurs ne sont pas apperçues ; on calcule d'après ses premiers calculs ; de proposition en proposition l'on arrive à des conséquences entièrement ridicules : on en sent l'absurdité ; mais comment retrouver l'endroit où s'est glissée la premiere erreur ? Pour cet effet il faudroit refaire et revérifier un grand nombre de calculs : malheureusement il est peu de gens qui puissent l'entreprendre , encore moins qui le veuillent, sur-tout lorsque l'intérêt des hommes puissants s'oppose à cette vérification.

J'ai montré les vraies causes de nos faux jugements ; j'ai fait voir que toutes les erreurs de l'esprit ont leur source ou dans les passions, ou dans l'ignorance, soit de certains faits, soit de la vraie signification de certains mots. L'erreur n'est donc pas essentiellement attachée à la nature de l'esprit humain ; nos faux jugements sont donc l'effet de causes accidentelles, qui ne supposent point en nous une faculté de juger distincte de la faculté de sentir ; l'erreur n'est donc qu'un accident : d'où il suit que tous les hommes ont essentiellement l'esprit juste (1).

Ces principes une fois admis, rien

(1) On ne peut pas dire que les hommes n'ont pas l'esprit juste, en ce sens qu'ils voient ce qu'ils ne voient pas, mais en ce sens qu'ils ne voient pas comme ils devroient voir s'ils fixoient davantage leur attention, et s'ils s'appliquoient à bien voir les objets avant de prononcer sur ce qu'ils sont. Ainsi, juger n'est que voir ou sentir qu'un objet n'est pas un autre, ou sentir qu'une chose n'a pas avec une autre chose tous les rapports qu'on cherche ou qu'on suppose.

ne m'empêche maintenant d'avancer que *juger*, comme je l'ai déja prouvé, n'est proprement que *sentir*.

La conclusion générale de ce discours, c'est que l'esprit peut être considéré ou comme la faculté productrice de nos pensées, et l'esprit, en ce sens, n'est que sensibilité et mémoire; ou l'esprit peut être regardé comme un effet de ces mêmes facultés, et, dans cette seconde signification; l'esprit n'est qu'un assemblage de pensées, et peut se subdiviser dans chaque homme en autant de parties que cet homme a d'idées.

Voilà les deux aspects sous lesquels se présente l'esprit considéré en lui-même: examinons maintenant ce que c'est que l'esprit par rapport à la société.

FIN DU TOME PREMIER.

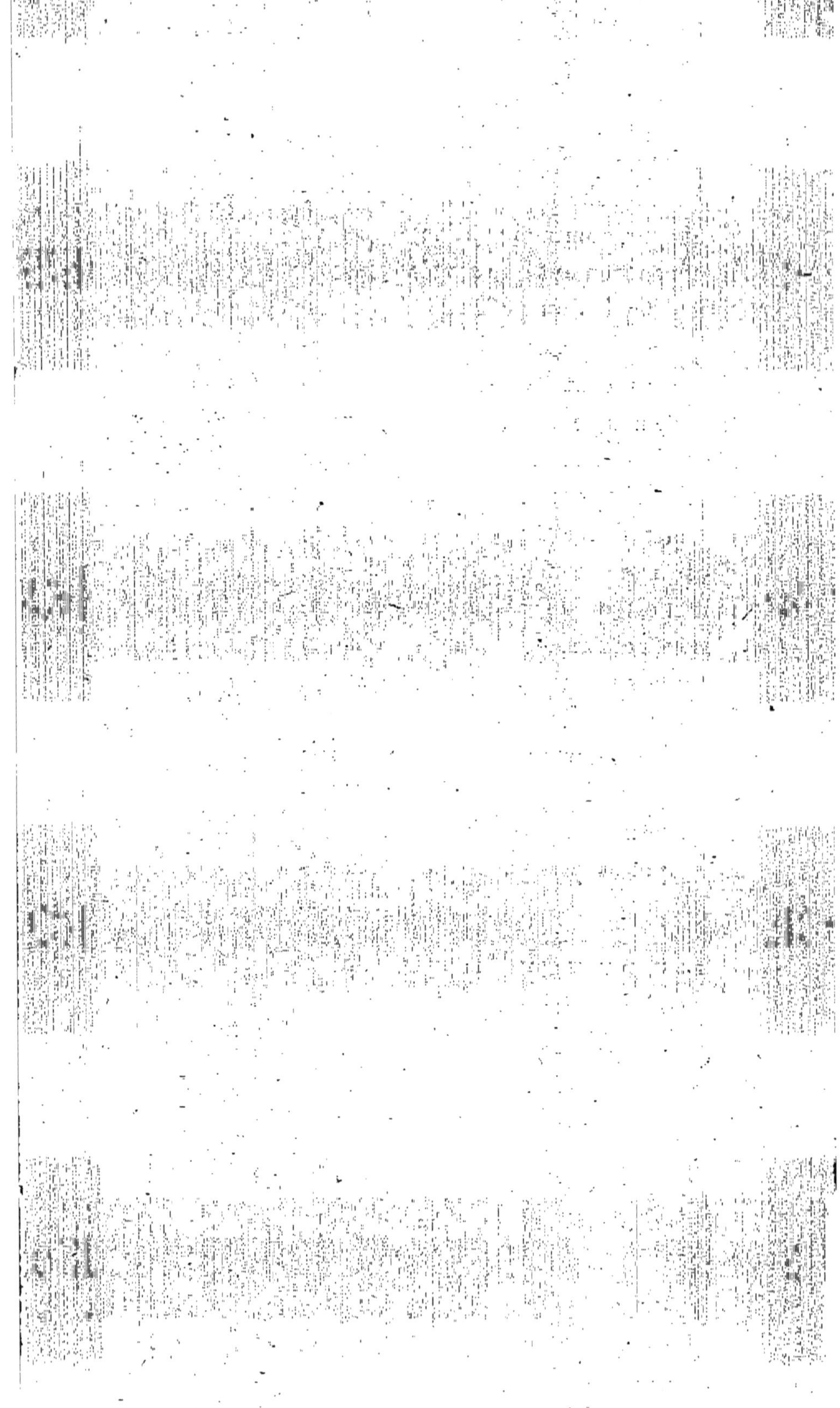